Daniele Chibbaro – Alessio Valenari
Fosca Colli – Wanda Montanelli – Angelo Giardina
Francesco Luciano

Antologia

della

Mediazione Civile

(Volume III)

* * *

La sentenza della Corte Costituzionale: effetti e prospettive
* * *
Il tirocinio obbligatorio per il Mediatore Civile
* * *
La diffamazione a mezzo stampa o con altro mezzo di pubblicità
* * *
Mediazione Civile, perché gli avvocati non ci credono
* * *
Mediazione Civile, la cultura che cambia
* * *
La Mediazione Civile nelle successioni ereditarie

COLLANA GIURIDICA

Edito aprile 2013

Codice ISBN- 13 978-1483959689

e-mail stenos@stenos.it – fax 06.233248638

PREFAZIONE

*L*a Mediazione Civile e Commerciale in Italia è stata introdotta, gradualmente, da pochi anni e ancora è un strumento poco conosciuto e pertanto vi sono ancora non pochi aspetti da chiarire e da sviluppare perché possa assolvere pienamente alla sua funzione.

Da qui l'iniziativa di pubblicare una vera e propria Antologia della Mediazione Civile dove Mediatori Professionisti trattano i diversi aspetti non limitandosi ad una asettica e sterile panoramica bensì approfondendo ed analizzando le varie tematiche.

In questo III volume, cui ne seguiranno altri, sono 6 i capitoli: La sentenza della Corte Costituzionale: effetti e prospettive (di Daniele Chibbaro); Il tirocinio obbligatorio per il Mediatore Civile (di Alessio Valenari); La diffamazione a mezzo stampa e con altro mezzo di pubblicità (di Fosca Colli); Mediazione Civile, perché gli avvocati non ci credono (di Wanda Montanelli); Mediazione Civile, la cultura che cambia (di Angelo Giardina); La Mediazione Civile nelle successioni ereditarie (di Francesco Luciano).

INDICE SINTETICO

(l'analitico è a pag. 184)

Daniele Chibbaro

Mediatore Civile Professionista
Avvocato (*)

La sentenza della Corte Costituzionale: effetti e prospettive

INTRODUZIONE

Critiche sulla mediazione e la sentenza della Corte Costituzionale

Il **d.lgs n. 28 del 2010** aveva sancito, per una serie di controversie civili, la necessità di esperire un tentativo di conciliazione prima dell'inizio della causa davanti al giudice competente.

Il mancato esperimento di questo tentativo, insomma non rivolgersi ad un organismo di mediazione, poneva in capo al giudice (d'ufficio o su istanza della controparte) il potere di **dichiarare la domanda improcedibile.**

Ancor prima di entrare in vigore il **decreto legislativo** è stato fortemente criticato e non ha mai incontrato il favore della classe forense che ha deciso sin dai primi tempi di dare battaglia, cercando di smantellare pezzo per pezzo la riforma: ridurre i tempi del procedimento di mediazione da 4 a 2 mesi, rendere la mediazione facoltativa e gratuita e ridurre le materie di competenza dei mediatori, ad esempio eliminando la successione.

La prima e più ricorrente doglianza riguardava **l'obbligatorietà della procedura.**

In sostanza ci si domandava se poteva essere considerato costituzionalmente legittimo imporre una sorta di sbarramento all'accesso alla giustizia.

Tanto invocato alla fine **è arrivato l'intervento del giudice delle leggi** a porre, almeno per ora, la parola fine alla controversa querelle relativa all'obbligatorietà della mediazione civile.

Con uno scarno comunicato del 24 ottobre 2012, l'ufficio stampa di Palazzo della Consulta ha affermato che:

La Corte costituzionale ha dichiarato la illegittimità costituzionale, per eccesso di delega legislativa, del d.lgs. 4 marzo 2010, n.28 nella parte in cui ha previsto il carattere obbligatorio della mediazione.

In sostanza, l'**obbligatorietà è illegittima** in quanto il governo, cui il Parlamento aveva delegato la potestà legislativa sulla materia, è andato oltre la stessa delega conferitagli.

L'**istituto della mediazione** è salvo ma non la necessità di rivolgersi ad un organismo abilitato prima di iniziare una causa.

Tutto torna come a prima del 21 marzo 2011 (o 2012 per condomini ed Rc auto): le parti, nelle materie indicate dall'art. 5 succitato, possono andare direttamente in Tribunale.

Ecco cosa ha deciso la Corte.

La Corte Costituzionale, con sentenza 24 ottobre - 6 dicembre 2012, n. 272

Composta dai signori:
Alfonso QUARANTA **Presidente** - Franco GALLO **Giudice** - Luigi MAZZELLA - Gaetano SILVESTRI - Sabino CASSESE - Giuseppe TESAURO - Paolo Maria NAPOLITANO - Giuseppe FRIGO - Alessandro CRISCUOLO - Paolo GROSSI - Giorgio LATTANZI - Aldo CAROSI - Marta CARTABIA - Sergio MATTARELLA - Mario Rosario MORELLI

Si è così pronunciata:
1) dichiara l'illegittimità costituzionale dell'articolo 5, comma 1, del decreto legislativo 4 marzo 2010, n. 28 (Attuazione dell'articolo 60 della legge 18 giugno 2009, n. 69, in materia di mediazione finalizzata alla conciliazione delle controversie civili e commerciali);
2) dichiara, in via consequenziale, ai sensi dell'art. 27 della legge 11 marzo 1953, n. 87 (Norme sulla costituzione e sul funzionamento della Corte costituzionale), l'illegittimità costituzionale: a) dell'art. 4, comma 3, del decreto legislativo n. 28 del 2010, limitatamente al secondo periodo («L'avvocato informa altresì l'assistito dei casi in cui l'esperimento del procedimento di mediazione è condizione di procedibilità della domanda giudiziale») e al sesto

periodo, limitatamente alla frase «se non provvede ai sensi dell'articolo 5, comma 1»; b) dell'art. 5, comma 2, primo periodo, del detto decreto legislativo, limitatamente alle parole «Fermo quanto previsto dal comma 1 e», c) dell'art. 5, comma 4, del detto decreto legislativo, limitatamente alle parole «I commi 1 e»; d) dell'art. 5, comma 5 del detto decreto legislativo, limitatamente alle parole «Fermo quanto previsto dal comma 1 e»; e) dell'art. 6, comma 2, del detto decreto legislativo, limitatamente alla frase «e, anche nei casi in cui il giudice dispone il rinvio della causa ai sensi del quarto o del quinto periodo del comma 1 dell'articolo cinque,»; f) dell'art. 7 del detto decreto legislativo, limitatamente alla frase «e il periodo del rinvio disposto dal giudice ai sensi dell'art. 5, comma 1»; g) dello stesso articolo 7 nella parte in cui usa il verbo «computano» anziché «computa»; h) dell'art. 8, comma 5, del detto decreto legislativo; i) dell'art. 11, comma 1, del detto decreto legislativo, limitatamente al periodo «Prima della formulazione della proposta, il mediatore informa le parti delle possibili conseguenze di cui all'art. 13»; l) dell'intero art. 13 del detto decreto legislativo, escluso il periodo «resta ferma l'applicabilità degli articoli 92 e 96 del codice di procedura civile»; m) dell'art. 17, comma 4, lettera d), del detto decreto legislativo; n) dell'art. 17, comma 5, del detto decreto legislativo; o), dell'art. 24 del detto decreto legislativo;

3) dichiara inammissibile la questione di legittimità costituzionale dell'art. 5 del decreto legislativo n. 28 del 2010 e dell'art. 16 del decreto ministeriale adottato dal Ministro della giustizia, di concerto col Ministro dello sviluppo economico, in data 18 ottobre 2010, n. 180, come modificato dal decreto ministeriale 6 luglio 2011, n. 145 (Regolamento recante la determinazione dei criteri e delle modalità di iscrizione e tenuta del registro degli organismi di mediazione e dell'elenco dei formatori per la mediazione, nonché l'approvazione delle indennità spettanti agli organismi, ai sensi dell'articolo 16 del decreto legislativo 4 marzo 2010, n. 28), «da soli ed anche in combinato disposto», sollevata dal Giudice di pace di Recco, in riferimento agli articoli 3, 24 e 111 Cost., con l'ordinanza indicata in epigrafe.

Così deciso in Roma, nella sede della Corte costituzionale, Palazzo della Consulta, il 24 ottobre 2012.

La lunga attesa della decisione della Corte Costituzionale ed il suo comunicato non favorevole hanno provocato un rallentamento considerevole dell'attività della mediazione civile.
La falsa partenza della mediazione rappresenta un'occasione mancata. Si sarebbero potuti raccogliere dati significativi per verificare punti di debolezza della disciplina, che richiede sicuramente di essere perfezionata.

La mediazione civile è in uno stato embrionale, attualmente è solo in potenza, ha bisogno di svilupparsi e per prendere forma necessita dell'azione del legislatore al fine di realizzare una disciplina adeguata che sia orientata verso un arricchimento di contenuti, necessita altresì dell'azione del mediatore per rendere effettive le esperienze sul campo.

Permane la speranza che nel 2013 le cose vengano fatte con più ragionevolezza e con una visione allargata dei benefici che la società può trarre dalla mediazione, ravvisati principalmente: nella riduzione dei costi, dei tempi e nella deflazione del contenzioso civile. Occorre abbattere quel muro di ostilità che si è costruito intorno alla mediazione.

* * *

Il ricorso dell'Oua contro
la Mediazione obbligatoria

Per l'Oua (Organismo Unitario dell'Avvocatura) la media-conciliazione obbligatoria contravveniva a principi elementari di diritto perché determinava un più difficile accesso alla giurisdizione da parte del cittadino e un aumento degli oneri e una lievitazione dei costi, tutti a suo carico. Questo è stato uno dei motivi che hanno portato l'Oua, insieme ai Consigli dell'Ordine e ai singoli avvocati, a notificare un **ricorso al T.A.R.** per l'annullamento del regolamento emanato dal Ministero della Giustizia, che – secondo il ricorrente - *riduce l'accesso alla giustizia, abbassa la qualità della figura del mediaconciliatore con la laurea triennale senza iscrizione all'albo e si affida ad un regime transitorio che abilita immediatamente soggetti senza alcuna rigorosa preparazione.* Altro motivo di critica (e quindi di ricorso) erano inoltre previsti *forti oneri economici a carico dei cittadini,* quando tale fase stragiudiziale sarebbe dovuta essere gratuita.

L'Avv. prof. Giorgio Orsoni nel predisporre il ricorso al T.A.R. ne spiegava i punti centrali: «*Tra i motivi dell'impugnativa figura anzitutto la genericità nella* *individuazione della figura del mediaconciliatore e delle strutture di conciliazione. E ciò in aperto contrasto con l'art. 60 della legge 60/09 che prevede che il soggetto deputato alla mediaconciliazione sia dotato di una particolare preparazione giuridica trattandosi di una molteplicità di materie destinate alla conciliazione. Ebbene non c'è traccia, di qualsivoglia criterio o parametro volto a selezionare gli organismi deputati alla mediazione in base a criteri di professionalità ed indipendenza. L'art. 16 del regolamento, infatti, si limita a stabilire che qualunque ente pubblico o privato che dia garanzie di serietà ed efficienza sia abilitato a costituire un organismo di mediazione. Inoltre, **in aperto contrasto con la prescrizione della legge delega, l'art. 5 del Dlgs 28/10 configura il procedimento di mediazione quale condizione di procedibilità della domanda giudiziale, di fatto precludendo l'immediato accesso alla giustizia**. La "preclusione" alla quale fa riferimento la legge delega, non deve essere intesa quale inibizione, quanto invece quale limitazione alla tutela processuale. Il dlgs 28/10, concependo il procedimento di mediazione quale propedeutico alla domanda giudiziale, impedisce l'immediato accesso dei cittadini alla giustizia e rischia di compromettere l'effettività della stessa tutela giudiziale. Secondo il testo del ricorso al T.A.R. con il regolamento non soltanto assistiamo alla mancata osservanza di alcuni articoli del decreto legislativo (artt. 5 e 16 del Dlgs 28/10)* *ma anche l'incoerenza con l'intero impianto legislativo. Un ultimo profilo di illegittimità è rilevabile nel Regolamento impugnato in relazione alle previsioni dettate sulla disciplina transitoria. Alcune disposizioni ministeriali, nell'intento del legislatore del Dlgs 28/10, avrebbero dovuto avere efficacia limitata all'entrata in vigore del Regolamento oggetto della presente impugnazione. Ed invece, contravvenendo espressamente alle previsioni legislative (di cui all'art. 16 del Dlgs 28/10), il Regolamento non soltanto ha arbitrariamente introdotto una disciplina transitoria, ma l'ha utilizzata per sancire la sopravvivenza di organismi per i quali il legislatore aveva già previsto la decadenza. Si consideri che solo per siffatti organismi, la legge delega prevede la possibilità di una iscrizione di diritto nei costituendi registri e che anche tale disattenzione è sintomatica della palese illogicità ed arbitrarietà del regolamento impugnato. Era un nostro dovere impugnare un regolamento con queste caratteristiche e continuare la nostra battaglia contro la media-conciliazione obbligatoria così come è stata varata dal ministero, il nostro obiettivo è il buon funzionamento della giustizia civile e dei sistemi alternativi di risoluzione delle controversie giudiziarie, partendo dalla centralità del cittadino e dalla professionalità degli avvocati».*

Il 12/04/11 il TAR del Lazio ha deciso in merito al ricorso dell'OUA avverso la mediazione obbligatoria, sospendendo il giudizio e **rinviando le carte alla Corte Costituzionale, dichiarando rilevanti alcune eccezioni di incostituzionalità sollevate in relazione agli articoli 24 e 77** e ritenendo rilevante e non manifestamente infondata la questione di legittimità costituzionale degli articoli 5 e 16 del decreto legislativo n. 28/2010 nei seguenti punti:

➤ l'obbligatorietà del tentativo di mediazione per le materie espressamente elencate;

➤ la mediazione obbligatoria è condizione di procedibilità della domanda giudiziale;

➤ l'improcedibilità deve essere eccepita dal convenuto o rilevata d'ufficio;

➤ abilitati a costituire organismi atti a gestire il procedimento di mediazione sono enti pubblici e privati che diano garanzia di serietà ed efficienza.

* * *

Iter della Corte Costituzionale
fino alla sentenza n. 27/1012

La norma della discordia, quella maggiormente criticata e oggetto principale del ricorso dell'Oua è stato senz'altro l'**articolo 5 del d.lgs n. 28 del 2010**.

Recita la norma:

Chi intende esercitare in giudizio un'azione relativa ad una controversia in materia di **condominio, diritti reali, divisione, successioni ereditarie, patti di famiglia, locazione, comodato, affitto di aziende, risarcimento del danno derivante dalla circolazione di veicoli e natanti, da responsabilità medica e da diffamazione con il mezzo della stampa o con altro mezzo di pubblicità, contratti assicurativi, bancari e finanziari,** *è tenuto preliminarmente a esperire il procedimento di mediazione ai sensi del presente decreto ovvero il procedimento di conciliazione previsto dal decreto legislativo 8 ottobre 2007, n. 179, ovvero il procedimento istituito in attuazione dell'articolo 128-bis del testo unico delle leggi in materia bancaria e creditizia di cui al decreto legislativo 1° settembre 1993, n. 385, e successive modificazioni, per le materie ivi regolate. L'esperimento del procedimento di* *mediazione è condizione di procedibilità della domanda giudiziale. L'improcedibilità deve essere eccepita dal convenuto, a pena di decadenza, o rilevata d'ufficio dal giudice, non oltre la prima udienza. Il giudice ove rilevi che la mediazione è già iniziata, ma non si è conclusa, fissa la successiva udienza dopo la scadenza del termine di cui all'articolo 6. Allo stesso modo provvede quando la mediazione non è stata esperita, assegnando contestualmente alle parti il termine di quindici giorni per la presentazione della domanda di mediazione. Il presente comma non si applica alle azioni previste dagli articoli 37, 140 e 140-bis del codice del consumo di cui al decreto legislativo 6 settembre 2005, n. 206, e successive modificazioni.*

La norma, senza troppi sotterfugi, era stata pensata anche per snellire il carico giudiziario: svuotare i tribunali attraverso il ricorso ad un organismo creato ad hoc, il cui compito non era quello di decidere come un giudice ma di aiutare le parti a trovare un accordo sulla vicenda al di là delle specifiche ragioni giuridiche a sostegno delle proprie tesi.

L'articolo 5, comma I del decreto legislativo n. 28/2010 viene sottoposto al giudizio di legittimità costituzionale in riferimento agli articoli 76 e 77 della Costituzione. Nel nostro ordinamento il potere legislativo appartiene al Parlamento, ma la Costituzione prevede la possibilità per il Governo di esercitare la funzione legislativa, attraverso una legge delega delle Camere, nel rispetto dei principi e dei criteri direttivi ivi contenuti o desumibili in via interpretativa. La Corte ritiene fondate le ordinanze di rimessione che rilevano un eccesso di delega dell'articolo 5, comma I del decreto legislativo impugnato, nella parte in cui si stabilisce la preventiva attivazione di un procedimento di mediazione, come condizione di procedibilità della domanda giudiziale.

In sostanza il decreto legislativo n. 28/2010 attribuisce alla mediazione civile il carattere dell'obbligatorietà. La Corte Costituzionale si interroga sulla possibile estensione del Governo oltre i limiti invalicabili posti dalla legge delega, dai principi, dai criteri direttivi e dalle finalità che la ispirano. Tutto questo rappresenta la piattaforma in cui il Governo ha la discrezionalità per disciplinare la materia. **La Corte Costituzionale ha il compito di verificare che l'equilibrio tra norma delegante e norma delegata non si sia incrinato a sfavore della prima**, soprattutto quando gli elementi interpretativi non sono di immediata percezione, ma bisogna desumerli dagli "indirizzi generali" della stessa legge delega.

Fatta questa premessa, la Corte Costituzionale **inizia la sua indagine partendo dalla normativa dell'Unione Europea**, richiamata sia dall'articolo 60 della legge delega n. 69/2009, sia dal preambolo del decreto legislativo n. 28/2010, in cui si fa espresso riferimento alla **direttiva europea 2008/52/CE**.

La direttiva 2008/52/CE considera la mediazione un modello di soluzione extragiudiziale delle controversie civili e commerciali conveniente, rapido e basato su un accordo volontario e soddisfacente tra le parti. Riconosce e fa "salva" la scelta del legislatore nazionale per la mediazione obbligatoria o soggetta ad incentivi o sanzioni, purché non sia pregiudicato l'accesso alla giustizia ordinaria. Nell'**articolo 3, lettera a)** vengono stabiliti i criteri con cui la mediazione può essere attivata: su base volontaria, decisa dal giudice o disciplinata dallo Stato membro. In ultima analisi l'**articolo 5, comma 2** ribadisce il rispetto della scelta della legislazione nazionale di rendere la mediazione obbligatoria senza, però, compromettere il diritto di attivare un procedimento giudiziale.

La Corte Costituzionale estende la sua analisi alle due Risoluzioni del Parlamento europeo (2011/2117-INI; 2011/2026-INI) , prive di efficacia vincolante. I suggerimenti delle due Risoluzioni **enfatizzano il carattere facoltativo dei procedimenti per le soluzioni alternative alle controversie**, poiché introdurre l'elemento dell'obbligatorietà potrebbe pregiudicare l'accesso alla giustizia, anche se si riconosce che "nel sistema giuridico italiano la mediazione obbligatoria sembra raggiungere l'obiettivo di diminuire la congestione dei tribunali".

A conclusione dell'esame del quadro normativo e giurisprudenziale europeo viene da ultima richiamata la sentenza della Corte di Giustizia dell'Unione europea del 18 marzo 2010 per le cause riunite da C-317/08 a C-320/08 che hanno ad oggetto il settore delle telecomunicazioni e la direttiva servizio universale. **La Corte di Giustizia europea in questa sentenza esprime il suo *favor conciliationis* riconoscendo il tentativo obbligatorio di conciliazione extragiudiziale come condizione di procedibilità del ricorso al giudice.** La scelta va individuata nella maggiore efficacia di una procedura obbligatoria rispetto ad una facoltativa. Inoltre la Corte di Giustizia europea non ritiene che sia emersa una manifesta sproporzione tra obiettivi ed eventuali inconvenienti prodotti dall'obbligatorietà.

La Corte Costituzionale considera la normativa europea "neutrale" nei confronti della modalità con cui realizzare la mediazione civile, rimettendo la decisione allo Stato membro. Si ricorda che le direttive europee, fatta eccezione per quelle dettagliate, non impongono il metodo, lasciando lo spazio discrezionale allo Stato membro su come realizzare gli obiettivi della direttiva, questo anche nel rispetto del principio cardine comunitario, quello della sussidiarietà strettamente connesso a quello della proporzionalità. Alla direttiva interessa il risultato da raggiungere e nell'**articolo 1 della direttiva 2008/52/CE è** specificato in modo esplicito: **"favorire l'accesso alla**

risoluzione alternativa delle controversie e promuovere la composizione amichevole delle medesime incoraggiando il ricorso alla mediazione".

L'Unione europea chiede agli Stati membri di scegliere lo strumento normativo più efficace per raggiungere gli obiettivi, obbligatorio o facoltativo non ha importanza, ma che sia effettivo. Riconosce allo stesso tempo che la procedura obbligatoria sia più idonea a raggiungere l'obiettivo. Ciò emerge con chiarezza nel punto 65 della **sentenza della Corte di Giustizia Europea del 18 marzo 2010** quando si *"considera inesistente un'alternativa meno vincolante alla predisposizione di una procedura obbligatoria, perché l'introduzione di una procedura di risoluzione extragiudiziale meramente facoltativa non costituirebbe uno strumento altrettanto efficace per la realizzazione degli obiettivi perseguiti".* La Corte Costituzionale non ritiene di poter estendere tale interpretazione alla mediazione civile per l'ambito circoscritto che la presente sentenza ha interessato, ma ritiene di dover escludere che la legge delega, tenendo conto della normativa e della giurisprudenza comunitaria, possa aver interpretato la mediazione civile come obbligatoria.

La Corte Costituzionale procede con l'interpretazione della legge delega: l'**articolo 60 della legge n. 69 del 2009.** Il carattere obbligatorio pare non sia desumibile né in modo esplicito, né in modo implicito. L'affermazione indicata tra i criteri direttivi, lettera a): la mediazione ha per oggetto diritti disponibili, **"senza precludere l'accesso della giustizia"** ha carattere generale secondo la Corte. Anzi, i riferimenti normativi di disposizioni che richiamano sistemi di conciliazione facoltativa fanno optare per la non obbligatorietà. Si tratta delle procedure di conciliazione extragiudiziali previste nelle clausole contrattuali o negli statuti, in realtà la disciplina si rivolge ad ambiti molto definiti, quelli del mondo societario e di quello creditizio.

La Corte rileva una divergenza nel disciplinare il comportamento dell'avvocato nei confronti del proprio assistito: nella legge delega si parla di **"dovere"** dell'avvocato di informare il cliente della **"possibilità"** di avvalersi della mediazione, nel decreto legislativo si cambiano i termini, l'esperimento della mediazione diventa **"condizione di procedibilità"** e solo la prima esprime un carattere facoltativo della mediazione.

Non è riuscito a convincere la Corte il richiamo della sua stessa sentenza n. 276/2000. In quella decisione si ritiene che l'azione giudiziale, prevista dall'articolo 24 della Costituzione, può essere esercitata successivamente. La Corte non prescrive "l'assoluta immediatezza" del ricorso alla giustizia ordinaria, quando il legislatore prevede oneri diretti a salvaguardare interessi generali. La legge delega, secondo la sentenza n. 276/2000 va interpretata tenendo conto del contesto e delle finalità da perseguire. La Corte, spiega oggi, considerò necessaria l'adozione della conciliazione obbligatoria per le controversie di pubblico impiego privatizzato per sostenere la riforma.

La Corte Costituzionale dichiara l'illegittimità costituzionale dell'articolo 5, comma I, del decreto legislativo n. 28/2010 per violazione degli articoli 76 e 77 della Costituzione ed in via consequenziale dichiara l'illegittimità costituzionale di altre norme collegate. Dichiara inammissibile la questione di legittimità costituzionale dell'articolo 5 del decreto legislativo n. 28/2010 e dell'articolo 16 del decreto ministeriale n. 180/2010 in riferimento agli articoli 3, 24, 111 della Costituzione. La Corte Costituzionale ravvisa un vizio di forma, l'eccesso di delega.

* * *

Gli effetti della sentenza
della Consulta

Da parte della Corte Costituzionale non si è dunque trattato di una **cancellazione** TOUT COURT **delle previsioni di legge** sulla mediazione: per alcuni articoli è possibile tracciare un **profilo corretto** delle disposizioni decadute e di quelle, **seppur parzialmente, ancora in vigore.**

Ecco nel dettaglio cosa cambia per giudici e avvocati dopo la sentenza della Consulta.

Già nell'**articolo 4** troviamo, al **comma 3**, come il legale debba ovviamente ritenersi **esentato dall'informazione** al cliente delle materie in cui il ricorso alla conciliazione è obbligatorio per il prosieguo della vertenza, mentre, da parte del **giudice,** rimane valida la necessità di **comunicare alla parte in causa** la facoltà di chiedere il ricorso all'istituto di mediazione.

Nell'**articolo 5**, invece, va messo in evidenza come, al **comma 1,** il carattere necessario della mediaconciliazione sia di fatto scomparso per le materie di condominio, successioni ereditarie, comodati d'uso, diffamazione mezzo stampa, contratti bancari o assicurativi. Anzi, sno gli stessi organismi di mediazione sono tenuti ad informare le parti circa la facoltatività della procedura conciliativa, anche per le materie di cui all'art. 5 d.lgs. 28/2010, e la possibilità, per le stesse, di adire direttamente il giudice.

In tal senso è bene precisare che nei casi in cui, l'istanza di mediazione è intervenuta prima della pronuncia della Corte Costituzionale, se i privati vogliono proseguire dinanzi al giudice, dovranno corrispondere solo le spese di avvio del procedimento e le eventuali indennità, nel caso in cui l'organismo abbia già svolto delle attività.

Al **comma 2** dello stesso articolo, quindi, va inteso che il **giudice possa sempre spingere per la mediazione tra le parti.** Infatti, il giudice, qualora intraveda nelle parti uno spirito collaborativo e prospettive di conciliazione, potrà sempre invitare le stesse ad attivare una procedura di mediazione delegata, incentivando, così, lo strumento di transazione stragiudiziale. Quindi, ne consegue che, al **comma 4**, le possibili materie escludenti siano, alla luce della sentenza della Consulta, da ritenersi come ostative alla **discrezione del giudice** per invitare all'apertura del tavolo. Al **comma 5, sempre art. 5**, salta la possibilità di mediazione obbligatoria per quanto concerne la clausola conciliativa in riferimento a **contratti e statuti** che possono comunque includere nella loro stesura il passaggio obbligatorio alla conciliazione.

Arrivando all'**articolo 6, comma 2,** si nota, ora, come il termine della conclusione per il procedimento conciliativo arrivi a un massimo di **quattro mesi**, mentre, all'**articolo**

7, dopo la bocciatura in Consulta l'intervallo in cui è stata posta in essere la mediazione non vada più ritenuto valido per le **tempistiche processuali.**

Effetti pesanti quelli che investono **l'articolo 8 del decreto 28/2010**, nella parte in cui la **non avvenuta partecipazione** al tavolo di concilio ora non presenta alcuna ricaduta ai fini del processo.

Quindi, all'atto pratico della mediazione, scopriamo come, **all'articolo 11**, la parte sulle possibili conseguenze pecuniarie di cui il mediatore è chiamato a rendere conto, viene meno nel suo carattere di **obbligatorietà nell'evenienza** in cui l'assistito non abbia aderito alla proposta di scendere a patti.

A questo proposito, all'**articolo 13,** scopriamo come saltino le condanne alle spese per chi dice no alla **proposta di mediazione** e come all'**articolo 17**, venga meno il ricorso alle indennità ridotte limitatamente alle mediazioni obbligatorie, così come, naturalmente, **l'esenzione dalle indennità** per i cittadini non abbienti.

Invece, nulla si osserva in merito alle procedure conclusesi in modo positivo per opera delle parti, atteso che si tratta del prodotto della volontarietà delle stesse.

Non è detto, infatti, che in futuro i privati non possano rivolgersi agli organismi di mediazione qualora ci siano buone prospettive di conciliazione, alla luce della facoltatività di tale procedura.

Ora, in attesa che la normativa venga riformata o che giungano nuove direttive, è bene che si prenda atto delle conseguenze che la pronuncia ha comportato.

Circa **4.000 posti di lavoro** a rischio. Oltre **900 organismi di mediazione** e conciliazione destinati alla chiusura. E un conto da **480 milioni di euro per cittadini e imprese**.

La sentenza con cui il 24 ottobre la Corte Costituzionale ha "bocciato" l'obbligatorietà del tentativo di conciliazione previsto dalla legge 28/2010 come condizione di procedibilità della domanda giudiziale, è deflagrata come una bomba su un settore che nell'ultimo anno aveva creato occupazione e reddito contribuendo ad alleggerire in certa misura il carico di lavoro dei Tribunali italiani.

Le conseguenze della decisione della consulta saranno letali per il settore che va incontro a un drastico ridimensionamento.

Per comprendere gli effetti reali del provvedimento della Corte Costituzionale si può partire dall'analisi dei risultati raggiunti attraverso questo istituto. Quando il governo Berlusconi introdusse l'obbligo, l'allora guardasigilli, Angelino Alfano, indicò in **600mila istanze di mediazione** il target da raggiungere già nel primo anno di vigenza della legge. Alla prova dei fatti, i risultati sono stati ben diversi. Le istanze proposte, infatti, sono state poco più di **90mila**. Il che significa, che rispetto all'obiettivo, si è realizzato un risultato inferiore dell'85%.

Detto questo, però, bisogna anche guardare gli effetti concreti di questo primo anno di applicazione dell'obbligo. Nel 35% circa delle 90mila istanze sopraindicate c'è stata un'effettiva partecipazione di entrambe le parti. Il 48% di questo 35%, inoltre, si è risolto con esito positivo della mediazione. In valore assoluto, questa percentuale corrisponde a quasi 12mila contenziosi che anziché transitare per le aule di tribunale e galleggiare per 4-5 anni in attesa di una sentenza di primo grado, hanno trovato soluzione in 50 giorni lavorativi.

Nel suo "piccolo", l'attività svolta dagli organismi di conciliazione, nel primo anno di attività, ha prodotto un giro d'affari diretto stimabile attorno ai **60-65 milioni di euro**. Considerata l'Iva applicata alle transazioni, si può desumere che il mancato introito per le casse dello Stato, dovuto alla soppressione dell'obbligatorietà, sia di circa **10 milioni di euro**. Ma questo sarebbe il meno. Infatti, Unioncamere, lo scorso 9 ottobre ha stimato il risparmio complessivamente realizzato (da cittadini e imprese che hanno usato questo istituto) in **480 milioni di euro**. Insomma, il conto della soppressione della mediaconciliazione obbligatoria, appare assai salato: mezzo miliardo di euro e una quantità di almeno **12.000 cause** che da questo momento in poi torneranno a ingolfare le cancellerie dei tribunali.

In più, a sottolineare l'utilità dell'obbligo previsto dalla legge italiana erano stati anche il Parlamento europeo (a settembre 2011) e la Commissione (ad aprile 2012). Il Parlamento aveva riconosciuto una sorta di anomalia italiana in merito all'obbligatorietà, ma l'aveva anche assolta come necessaria per smaltire i 6 milioni di cause in arretrato in sede civile. Sul punto, poi, la Commissione era tornata definendo la mediazione obbligatoria, misura idonea a perseguire gli obiettivi di efficienza dell'amministrazione pubblica.

Politica: per Pd e Pdl è tutto da rifare

Pd e Pdl mirano a riscrivere la mediazione civile eliminando obblighi e puntando sulla qualità dei servizi

Una delle tematiche più trattate nell'attuale **dibattito politico** ha a che fare proprio con la mediazione.

Il sistema della mediaconciliazione, attivo dal 21 marzo 2011, ha generato fino ad oggi **948 organismi di mediazione**, rigorosamente iscritti al registro presso il ministero di Giustizia. Risultano, invece, **350 gli enti formatori accreditati** e sono oltre **40 mila i mediatori abilitati** che adesso paventano la perdita dei rispettivi incarichi. A ciò si aggiunge il consistente numero di impiegati che attualmente operano nei neonati organismi conciliatori.

Ecco i motivi per cui la **mediazione obbligatoria** si rinnova frequentemente come **programma elettorale da parte dei partiti politici a caccia di voti. Pd e Pdl** non sembrano propendere per la reintroduzione dell'obbligatorietà della manovra di mediazione, bensì puntano comunque a reimpostare il congegno di deflazione attraverso, per esempio, la **prospettiva di possibili incentivi.**

Dal fronte del **Partito Democratico** si innalza la voce di Mario Cavallaro, responsabile tematiche dell'Avvocatura del PD, il quale in occasione dello sciopero degli avvocati, in una lettera indirizzata a Maurizio De Tilla, Presidente Oua **(Organismo unitario dell'avvocatura)**, precisa come il suo partito si dichiari favorevole a sostenere in Parlamento quelle proposte che sono orientate verso una possibile rinnovata **compatibilità dell''istituto della mediaconciliazione rispetto ai principi costituzionali**, in tema di difesa della funzione che l'avvocato svolge nella coordinazione dei conflitti. Cavallaro sottolinea l'importanza del ruolo da riservare, sempre in attuazione del dettato costituzionale, al professionista forense e si augura che la riforma dell'ordinamento accolga tutti i fattori innovatori volti a tracciare una conformazione indipendente di avvocatura, in deferenza ai principi della competizione qualitativa.

Anche Donatella Ferranti, membro della II commissione giustizia per il Partito Democratico, si pronuncia al riguardo, prospettando **l'introduzione di opportuni incentivi al posto dell'estromessa obbligatorietà** mediatoria. *"Non crediamo in questo strumento come mezzo di deflazione, ma come alternativo alla definizione delle cause civili -* ribadisce Ferranti *- bisogna ragionare ora se fare dei regimi, percorsi che possono essere per tipologie magari meno ampie; oppure per valore. un* *governo serio credo che debba fare questo*" conclude l'esponente democratico.

Sul versante politico opposto si espone il collega del **Pdl**, Francesco Paolo Sisto, confermando la **messa al bando dell'obbligatorietà** e sottolineando il fallimento dell'abrogato istituto, soprattutto con riguardo alla **qualità formativa degli enti di conciliazione.** "*Partirei dalla qualità degli organismi di mediazione*" - precisa Sisto - "*Essi devono essere effettivamente capaci di garantire un risultato utile*".

La posizione dei **Radicali**, sintetizzata dall'avvocato Emilio Martucci del **Comitato nazionale Radicali Italiani** e dell'Associazione radicale per la Grande Napoli, in linea con l'orientamento sostenuto dal rappresentante Pdl, indugia sul **miglioramento della qualità delle istituzioni di mediazione.** "*Sin dalla sua entrata in vigore ho espresso fortissime* critiche sia in merito all'obbligatorietà che all'onerosità: *come membro del Comitato nazionale di Radicali Italiani sollevai notevoli dubbi di incostituzionalità di tale norma e prevedevo che con la sua inutile entrata in vigore si sarebbero ulteriormente allungati i tempi processuali ed aumentate a dismisura le spese a carico del cittadino che chiede giustizia*" enfatizza Martucci. Anche i Radicali sembrano pronunciarsi **a favore della predisposizione di incentivi,** ma a condizione che si verifichi un'effettiva inversione nella riforma della giustizia civile.

I politici sembrano dunque sostenere all'unanimità la necessità di sedimentare una maggiore "cultura della qualità", diventa al riguardo indispensabile il varo di tutti quei meccanismi di efficienza degli organismi al fine di consentire ad ogni utente di potersene avvalere agevolmente.

* * *

Conclusioni:

promuovere e riformare
la mediazione

Appare difficile comprendere la condizione emotiva dei circa 100.000 mediatori civili formati, per non parlare di coloro che hanno investito negli organismi di mediazione e formazione, i quali orfani dell'obbligatorietà devono adattarsi alla nuova realtà. La mediazione civile resta in vigore, ma diventa facoltativa.

Dopo un gran fermento e tante attese si riterrà opportuno ripristinare l'obbligatorietà della mediazione civile con una nuova legge o comunque mantenere il carattere facoltativo, ma dando la possibilità alla gente comune di conoscere effettivamente l'istituto attraverso una massiccia campagna comunicativa? Perché in realtà al momento la mediazione civile è pressoché sconosciuta.

Le soluzioni possono essere differenti, ma è comunque necessaria una volontà politica di andare avanti: la prima consisterebbe nel ripristinare l'obbligatorietà della mediazione civile attraverso uno o più interventi legislativi mirati.

Se si decidesse, invece, di dilatare i tempi per la concretizzazione della mediazione, la facoltatività sarebbe la regola, ma a questo punto sarebbe doveroso intervenire con una convincente **campagna di sensibilizzazione da parte del Ministero di Giustizia** attuata con tutti gli strumenti di comunicazione più efficaci a disposizione. La comunicazione è utile per favorire e promuovere la mediazione civile e permettere che il singolo scelga in modo autonomo di attivare il canale stragiudiziale per risolvere la controversia e la parte chiamata nel procedimento vi partecipi senza alcuna remora, in quanto soggetto informato e consapevole dei vantaggi che la sua partecipazione può garantirgli. Quello che bisogna vincere è il pregiudizio, ossia la persuasione negativa su un modello nuovo ed alternativo che ancora non si conosce, solo un costruttivo tavolo di discussione, una buona legge e l'esperienza potranno determinarne i tratti.

In una cultura come la nostra, in molti ritengono che **l'unico modo realmente efficace per indurre i cittadini ad utilizzare lo strumento della mediazione è quello di prevederne l'obbligatorietà.** Siamo infatti un curioso paese: vediamo nei tribunali l'unica via di risoluzione delle controversie meritevole di fiducia, salvo poi lamentarci quando la risposta arriva in ritardo e magari, dopo avere scalato tutti i gradi della giurisdizione, dichiararci insoddisfatti del risultato ottenuto. **Con un simile atteggiamento culturale è difficile pensare che gli**

strumenti alternativi, se non sono obbligatori, possano avere un qualche successo. Lo dimostra il fatto che le Adr esistono già a livello volontario da decenni (per esempio le camere arbitrali istituite da vari consigli dell'Ordine degli avvocati) ma, ad eccezione di settori molto specialistici, non hanno fornito una risposta quantitativamente rilevante. Nel periodo in cui è stata applicata, prima dell'intervento della Consulta, la media-conciliazione obbligatoria ha dato risultati incoraggianti. Secondo i dati del Ministero della Giustizia, nel 2011 si è registrato un calo del 30% delle iscrizioni a ruolo per le materie oggetto della media-conciliazione, con una partecipazione delle parti che è andata crescendo dal 28 sino al 35% del totale. Verosimilmente, **l'obbligo avrebbe rappresentato, almeno in una prima fase, un efficace strumento "educativo"** per costruire nell'opinione pubblica e anche tra i professionisti del diritto una mentalità aperta alle alternative processuali. Sarebbe opportuno, come già evidenziato, che il legislatore tornasse sull'argomento e, senza infrangere alcuna prescrizione della Corte, riproponesse l'obbligo con un diverso e più adeguato veicolo legislativo.

L'obbligatorietà da sola non basta. Come e più di altri istituti giuridici, la media-conciliazione richiede, per essere efficace, la motivazione delle parti che vi ricorrono, per non diventare un rito vuoto di significato a cui ci si sottopone senza convinzione in attesa di passare alla fase successiva, quella in cui si decide "davvero". Pertanto, in questo senso, è importante considerare che solo con una preparazione tecnica ed una capacità di persuasione adeguata al livello di contenzioso trattato i mediatori potranno guadagnarsi quell'autorevolezza che sarà un fattore decisivo per il successo dell'istituto. E' fondamentale imporre di avere dei soggetti giudicanti all'altezza del ruolo che svolgono, che certamente più vicino a quello del giudice che a quello di un semplice funzionario amministrativo.

In sintesi, si deve rendere la media-conciliazione molto più "attraente" ed effettivamente vantaggiosa per le parti che devono regolare la loro lite rispetto alla tradizionale via giurisdizionale. E, a fronte di un sistema al collasso come quello processuale civile, recuperare questo vantaggio in termini di semplicità procedurale, costi e durata non dovrebbe essere difficile.

In questa missione di cambiamento culturale **il ruolo dei professionisti e l'impegno che riterranno di dedicare alla mediazione può essere decisivo. Anche qui forse è necessario un salto culturale con il quale le Adr non siano più viste come il "nemico" da osteggiare per interessi particolaristici, ma come una nuova opportunità di sviluppo della professione,** secondo un modello di giurisdizione più moderno, al passo con le richieste sempre più pressanti che vengono dal mondo dell'economia.

*** *** ***

In questo Capitolo sulla la sentenza della Corte Costituzionale sono presenti alcuni passaggi delle relazioni, degli articoli e degli scritti di:

Avv. Luca Tantalo

Avv. Alessandro Gallucci

Dott.ssa Rita Marsico

Dott. Nicola Di Molfetta

*** *** ***

L'AUTORE

Avv. Daniele Chibbaro

Nato a Milano il 30 gennaio 1982.

Maturità classica conseguita nel luglio del 2000.

Laurea in Giurisprudenza conseguita il 1 aprile 2005.

Avvocato dal 16 ottobre 2008.

Mediatore professionista civile e commerciale dal 5 dicembre 2011. Referente per Trieste dell'Apmc, Associazione Professionale Mediatori Civili.

Attualmente impegnato a Roma e a Trieste nell'attività di avvocato. Opera principalmente nel settore civile, sia in campo giudiziale che stragiudiziale, con particolare riferimento alla responsabilità civile e al risarcimento danno, al diritto di famiglia e al diritto successorio, al recupero crediti, alle vertenze immobiliari e condominiali, alla contrattualistica in genere.

Per l'*Antologia della Mediazione Civile* ha scritto: "*Il ruolo dell'avvocato in mediazione*" (vol. I, settembre 2012); *Il notaio e la Mediazione Civile* (vol. II, dicembre 2012)

Accreditato come mediatore professionista presso gli organismi:

➢ "*Area Mediazione*" di Monterotondo (RM)

➢ "*AEMME Servizi*" di Roma

➢ "*Promo Consult*" di Trieste

Alessio Valenari

Mediatore Civile Professionista
Avvocato (*)

Il tirocinio obbligatorio per il mediatore civile

Il tirocinio obbligatorio, gli organismi di mediazione e il mediatore

Caratteri generali

Per affrontare il ragionamento sul complessivo sistema della formazione prevista dalla Legge per i Mediatori, vorrei partire proprio dal principio. Come è noto a molti, un problema sentito dagli operatori del settore, che vale la pena affrontare in questa sede, è certamente quello legato alle difficoltà interpretative della disciplina dettata in materia di tirocinio obbligatorio previsto per chi esercita professionalmente l'attività di Mediatore Civile e Commerciale.

Per poter analizzare questo aspetto in modo sufficientemente approfondito è necessario porsi la seguente domanda: da dove nasce realmente la necessità di formazione e, quindi, di un adeguato tirocinio, per il Mediatore?

La risposta sembrerebbe abbastanza ovvia o, meglio, quasi scontata, ma, a ben vedere, le circostanze che si sono manifestate e susseguite in questi ultimi due anni hanno sollevato delle "ambiguità" che potrebbero lasciare irrisolti o,perlomeno, sospesi i destini di questa figura professionale.

Tutti, o quasi tutti, ormai sono a conoscenza del fatto che il Ministero della Giustizia con l'entrata in vigore del decreto n. 180 del 2010 ha costituito presso di sé un registro degli organismi abilitati a svolgere la mediazione.

Per poter ottenere l'iscrizione a tale registro, l'organismo interessato deve soddisfare tutti i requisiti richiesti e seguire il procedimento previsto dagli art. 4 e 5 dello stesso decreto n. 180 del 2010.

Nonostante l'instaurazione di tale complessa procedura – a mio avviso, totalmente accentrata e relativamente discrezionale – le domande di accreditamento nel corso degli anni, fino ad oggi, non sono affatto mancate, sia da parte di nuove società, costituite *ad hoc* per svolgere tale attività, sia da parte di enti pubblici già esistenti e già esercenti attività similari sul territorio (come le Camere di Commercio), tanto da far aumentare il numero dei richiedenti ad una cifra molto prossima alle mille unità, considerando anche gli enti di formazione.

Non è superfluo ricordare che tra i criteri di iscrizione nel registro previsti dall'art. 4 del decreto n. 180 del 2010 e, più precisamente, alla lettera f), l'organismo richiedente è costretto ad indicare *"il numero dei Mediatori, non inferiore a cinque, che hanno dichiarato la disponibilità a svolgere le funzioni di mediazione*".

A questo punto propongo una piccola riflessione che riguarda proprio questa peculiare necessità da parte dell'organismo richiedente di indicare nella propria domanda un numero minimo di Mediatori che svolgeranno le "funzioni di mediazione" in suo nome, per suo conto e presso la sua stessa sede.

Ci troviamo, come abbiamo detto, nell'anno 2010 ed è lo stesso decreto n. 180 che disciplina, per la prima volta in Italia, la mediazione ed i requisiti minimi necessari per l'esercizio della professione di Mediatore.

Dunque, qualunque organismo, costituendo o già costituito, che voglia o debba ottenere l'iscrizione presso il registro degli organismi abilitati a svolgere la mediazione tenuto presso il Ministero della Giustizia si trova nella necessità di reperire e formare adeguatamente dei Mediatori, pressoché inesistenti fino a quel momento.

E' veramente così? Per comprenderlo dobbiamo sforzarci di esaminare attentamente i singoli requisiti richiesti dal decreto n. 180 del 2010 all'art. 4, comma 3 per l'esercizio delle funzioni di Mediatore.

Tali requisiti sono: a) possedere un titolo di studio non inferiore al diploma di laurea universitaria triennale ovvero, in alternativa, essere iscritti a un ordine o collegio professionale; b) possedere una specifica formazione e uno specifico aggiornamento almeno biennale, acquisiti presso gli enti di formazione in base all'art. 18 del decreto n. 180 del 2010; c) possedere i seguenti requisiti di onorabilità: a. non avere riportato condanne definitive per delitti non colposi o a pena detentiva non sospesa; b. non essere incorso nell'interdizione perpetua o temporanea dai pubblici uffici; c. non essere stato sottoposto a misure di prevenzione o di sicurezza; d. non avere riportato sanzioni disciplinari diverse dall'avvertimento; d) possedere - eventualmente - le conoscenze linguistiche necessarie all'iscrizione nell'elenco dei Mediatori esperti nella materia internazionale.

Voglio evidenziare che, per il buon esito dell'iscrizione, il soddisfacimento dei requisiti richiesti dall'art. 4, comma 3 del decreto n. 180 del 2010 è richiesto esplicitamente anche per quegli organismi cosiddetti *"iscritti su semplice domanda"* - art. 4, comma 4 del decreto n. 180 del 2010.

* * *

Il requisito dell'art. 4, comma 3, lettera a) del Decreto n. 180 del 2010

Analizzando attentamente il requisito *sub* lettera a), il possesso di almeno un diploma di laurea universitaria triennale ovvero, alternativamente, l'iscrizione ad un ordine o ad un collegio professionale, non appare affatto un criterio distintivo per il quale scarseggino degli adeguati e preparati rappresentanti sul mercato italiano.

Infatti, se il Legislatore si fosse limitato a questo punto, avremmo potuto tranquillamente affermare che la figura professionale del Mediatore non è una nuova figura professionale autonoma e indipendente, ma, al contrario, è solamente una particolare sfaccettatura di altre figure professionali più complesse e appartenenti a culture già presenti e ben radicate nel tessuto sociale complessivamente inteso.

Il sistema giurisdizionale italiano, infatti, ha subito passivamente il manifestarsi di forme alternative di risoluzione delle controversie, chiamate sinteticamente con un acronimo anglosassone ADR, "Alternative Dispute Resolution", Metodi alternativi di risoluzione dei conflitti, proprio perché queste tecniche e questi sistemi si sono sviluppati e diffusi negli ordinamenti di *Civil Law* primariamente come sistemi "deflattivi" e non, in senso proprio, "alternativi" e/o "complementari" all'amministrazione della Giustizia da parte degli organi statuari, i quali amministrano l'unico strumento realmente riconosciuto come risolutore delle liti, il Processo, che a sua volta è interamente regolamentato dalla Legge e controllato nonché coordinato da un soggetto, il Giudice, ritenuto diretta espressione della medesima.

E' innegabile, inoltre, che l'incapacità da parte di questo sistema di garantire tempestività ed efficienza ha favorito la conoscenza e la diffusione dei metodi ADR in Italia, anche se, a differenza di quanto avvenuto negli Stati Uniti d'America, il fenomeno è il frutto di un processo regolamentato ed istituzionalizzato (*top-down*), più che di un emersione spontanea dalla società (*bottom-up*) di una cultura "alternativa" di gestione del conflitto, frutto di usi e costumi, anche commerciali, maggiormente tipico dei paesi di *Common Law*, nei quali è la società civile che, per così dire si autogoverna.

In Italia, appunto, questo passaggio è stato condotto con l'introduzione della mediazione amministrata da parte del Decreto Legislativo n. 28 del 2010, entrata in vigore per alcune materie solamente nel marzo dell'anno successivo, il 2011.

Possiamo, quindi, affermare che dal 2010 ad oggi, con l'introduzione "dall'alto" di questo procedimento, si è venuta manifestando una nuova figura professionale, quella del Mediatore, che ha cercato a fatica di imporsi in totale autonomia rispetto alle altre culture professionali già consolidate e fortemente presenti.

Il risultato è abbastanza noto. Grazie alla protezione iniziale fornita al nuovo istituto dalla "obbligatorietà" statuita dall'art. 5 del Decreto Legislativo n. 28 del 2010 per una serie di materie specifiche, i Mediatori hanno potuto cimentarsi con la pratica nell'esercizio della mediazione e dare avvio ad una loro propria formazione "sul campo" accompagnata da un tirocinio obbligatorio, che ha dato avvio alla sedimentazione di uno specifico sapere formalizzato(*).

Ricordiamo, infatti, che il Mediatore, di per sé, non è che un "professionista-filosofo", tutt'ora alla ricerca di prerogative, skills, certificazioni di conoscenze e, quindi, di una fetta di mercato, che lo fa entrare in competizione sul terreno dell'amministrazione della Giustizia con le professionalità "tradizionali" uniche detentrici e profonde conoscitrici, tramite il proprio ruolo, di quella che è concordemente ritenuta essere la scienza del diritto.

Tale competizione, però, è stata del tutto ingiustificata, in quanto le professionalità in discussione sono per loro natura fortemente diverse e pertanto indipendenti le une dalle altre.

L'esercizio dell'avvocatura, della magistratura, della professione di dottore commercialista e per certi versi anche del notariato non si sostituisce all'attività di mediazione, ma, al contrario, è quest'ultima che ne costituisce una immediata complementazione e agevolazione.

Tanto più che il profilo del Mediatore italiano che emerge in recenti sondaggi è quello di un professionista che proviene per la maggior parte (oltre il 50%) dall'avvocatura, per un quarto dalla professione di dottore commercialista (15%) e per il resto appartiene alle altre professioni.(**)

Certamente questa caratteristica è non poco penalizzante per una figura professionale di mediatore tout court esercitata in maniera esclusiva, ma non si poteva chiedere di più ad un mercato fortemente inflazionato dalle culture professionali consolidate.

(*) Tratto da Unioncamere Nazionale, *Il Diritto Mite* - La Mediazione e il Mondo delle Professioni, *Luglio 2012, pagina 5*; Sintesi a cura del Consorzio AASTER.

(**)Tratto da Unioncamere Nazionale, *Il Diritto Mite* - La Mediazione e il Mondo delle Professioni, *Luglio 2012, pagina 8*; Sintesi a cura del Consorzio AASTER.

* * *

Gli altri requisiti dell'art. 4, comma 3 del decreto n. 180 del 2010 e le particolarità della lettera b)

I requisiti *sub* lettera c) e *sub* lettera d) possono essere esaminati assieme e in modo abbastanza sintetico, in quanto costituiscono degli adempimenti di tipo sostanzialmente "burocratico" e potendo essere assolti dall'interessato anche tramite un'autocertificazione.

In particolare, le verifiche richieste *sub* lettera c), trattandosi, peraltro, di procedure già obbligatorie per un soggetto iscritto ad uno specifico ordine o collegio, costituiscono, nello specifico caso in cui il richiedente l'iscrizione sia proprio un professionista, una duplicazione della produzione della certificazione dei requisiti di onorabilità non di poco conto.

Aspetto sicuramente più interessante e coinvolgente l'indagine che stiamo conducendo sul tirocinio previsto per la figura professionale del Mediatore Civile e Commerciale è sicuramente quello messo in luce dal requisito *sub* lettera b) dell'art. 4, comma 3 del decreto n. 180 del 2010, modificato ed ampliato l'anno successivo dal decreto interministeriale n. 145 del 2011 con l'inserimento, appunto, tra i requisiti già presenti, di quello facente particolare ed esplicito riferimento alla previsione di una partecipazione del Mediatore, nel biennio di aggiornamento ed in forma di tirocinio assistito, ad almeno venti casi di mediazione svolti presso organismi iscritti.

Merita una attenta considerazione la non trascurabile riflessione sulla natura "alternativa" o "cumulativa" dei requisiti richiesti dalle lettere a), b), c) e d) del comma 3, dell'art. 4 del decreto n. 180 del 2010.

L'interpretazione letterale del testo legislativo fa propendere verso una sicura natura "cumulativa" di tali requisiti minimi; tuttavia, sarebbe provocatoriamente possibile avanzare una tesi sulla natura "alternativa" dei requisiti, seppur limitatamente alle lettere a) e b).

Infatti, a ben argomentare, l'avere acquisito un titolo di studio non inferiore al diploma di laurea universitaria e/o l'essere iscritti a un ordine o collegio professionale (*punto a*), comporta necessariamente e sotto certi determinati aspetti l'essere in possesso di una specifica formazione e l'aver seguito uno specifico aggiornamento (*punto b*).

Questa tesi, però, comincia inevitabilmente a vacillare nel momento in cui si prendono in considerazione i contenuti della formazione e dell'aggiornamento in esame.

Con il decreto n. 180 del 2010, il requisito essenziale *sub* lettera b) da soddisfare per l'aspirante Mediatore è indubbiamente quello di possedere una specifica formazione e uno specifico aggiornamento almeno biennale, acquisiti presso gli enti di formazione in base all'art. 18 del decreto n. 180 del 2010.

L'articolo 18, comma 2, lettera f) del decreto n. 180 del 2010 dispone per gli organismi di formazione costituiti da enti pubblici e privati una specifica previsione e istituzione di un percorso formativo, di durata complessiva non inferiore alle cinquanta ore, articolato in corsi teorici e pratici, con un massimo di trenta partecipanti per corso, comprensivi di sessioni simulate partecipate dai discenti, e in una prova finale di valutazione della durata minima di quattro ore, articolata distintamente per la parte teorica e pratica.

Viene dettagliatamente previsto, altresì, il contenuto di tale percorso. Infatti, i corsi teorici e pratici devono avere per oggetto le seguenti materie: normativa nazionale, comunitaria e internazionale in materia di mediazione e conciliazione, metodologia delle procedure *facilitative* e *aggiudicative* di negoziazione e di mediazione e relative tecniche di gestione del conflitto e di interazione comunicativa, anche con riferimento alla mediazione demandata dal giudice.

Ulteriori punti che devono essere presenti e sviluppati nel percorso formativo sono necessariamente anche l'efficacia e l'operatività delle clausole contrattuali di mediazione e conciliazione; la forma, il contenuto e gli effetti della domanda di mediazione e dell'accordo di conciliazione; i compiti e la responsabilità del mediatore.

* * *

Il percorso formativo dell'art. 18 del Decreto n. 180 del 2010

Una prima osservazione su quanto riportato dal Legislatore nell'art. 18 del decreto n. 180 del 2010 è sicuramente quella relativa alla impressionante commistione fra materie astrattamente e peculiarmente giuridiche e materie strettamente rientranti nell'alveo dello studio della comunicazione, che in questi percorsi formativi viene operata e che segnerà in modo determinante e forse troppo compromettente la figura professionale del Mediatore.

Sembra, infatti, che il Legislatore, nel porre gli obiettivi formativi per i futuri Mediatori, si sia subito preoccupato di colmare quelle che, a suo modo di vedere, sono le lacune professionali dei neo iscritti; carenze forse già identificabili nei requisiti per svolgere la mediazione da Lui stesso imposti all'art. 4, comma 3, lettera a) del decreto n. 180 del 2010.

Assistiamo, dunque, da parte del Legislatore ad una inversione di rotta o, meglio, ad una correzione della stessa, per quanto molto significativa, rispetto alla troppo ottimistica concezione inizialmente espressa e sancita nell'espressione che per svolgere la mediazione basta possedere un titolo di studio non inferiore al diploma di laurea universitaria triennale ovvero, in alternativa, essere iscritti a un ordine o collegio professionale. Inoltre, non si può dimenticare di segnalare fin da subito che al Legislatore anche tali percorsi appaiono, comunque e fin dall'inizio, insufficienti per consentire ai neo iscritti di svolgere la mediazione. Infatti, all'art. 18, comma 2, lettera g) del decreto n. 180 del 2010 viene disposto l'ulteriore requisito di idoneità per gli enti di formazione, in base al quale questi ultimi devono prevedere e istituire un distinto percorso di aggiornamento formativo per i Mediatori, di durata complessiva non inferiore alle diciotto ore biennali, articolato in corsi teorici e pratici avanzati, comprensivi di sessioni simulate partecipate dai discenti, ovvero, in alternativa, di sessioni di mediazione; aventi per oggetto le materie di cui alla già richiamata lettera f) del medesimo art. 18 del decreto n. 180 del 2010. In questo modo, il Legislatore, aggiungendo un altro requisito necessario per gli enti di formazione ai fini dell'accreditamento presso l'elenco istituito presso il Ministero della Giustizia, indirettamente, ma coscientemente, pone un ulteriore e non poco gravoso requisito anche per i Mediatori, obbligandoli ad un aggiornamento formativo avanzato rispetto a quello base - già previsto alla lettera f) dell'art. 18, comma 2 del decreto n. 180 del 2010 - confermando il proprio scetticismo sulla preparazione professionale del Mediatore, così come inizialmente richiesta dalla lettera a) dell'art. 4, comma 3 del decreto n. 180 del 2010.

Le modifiche adottate con l'art. 2 del Decreto n.145 del 2011 e il tirocinio come effettiva esperienza pratica

Ad un anno dalla entrata in vigore del decreto n. 180 del 2010, il Ministero della Giustizia, con il decreto interministeriale n. 145 del 2011, ha ritenuto opportuno adottare delle misure correttive nella regolazione della disciplina in materia di svolgimento della mediazione da parte degli organismi accreditati e dei requisiti indispensabili all'iscrizione e al regolare esercizio della professione di Mediatore Civile e Commerciale.

Di rilievo è l'art. 2 del decreto n. 145 del 2011, recante modifiche all'art. 4, comma 3 del decreto n. 180 del 2010, in quanto sostituisce la precedente lettera b) con la seguente previsione: *"il possesso, da parte dei mediatori, di una specifica formazione e di uno specifico aggiornamento almeno biennale, acquisiti presso gli enti di formazione in base all'art. 18* [del decreto n. 180 del 2010]*, nonché la partecipazione, da parte dei mediatori, nel biennio di aggiornamento e in forma di tirocinio assistito, ad almeno venti casi di mediazione svolti presso organismi iscritti"*.

Stando anche a quanto affermato dal Ministero della Giustizia nella circolare interpretativa del 20 dicembre

2011, la nuova versione del testo dell'art. 4, comma 3, lettera b) del decreto n. 180 del 2010 introduce chiaramente un ulteriore e distinto obbligo formativo per i Mediatori: la partecipazione, nel biennio di aggiornamento, ad almeno venti casi di mediazione.

La ragione di tale intervento è da ritrovarsi esclusivamente nella manifestata esigenza di colmare la preparazione professionale del Mediatore sul piano della effettiva esperienza pratica.

Infatti, ai Mediatori iscritti, ma ancora sottoposti al tirocinio biennale - la quasi totalità - mancava la possibilità di verificare concretamente come altri Mediatori iscritti e sottoposti allo stesso tirocinio, gestissero i diversi momenti del percorso di mediazione, confrontando fra loro le proprie diverse metodologie.

Il termine tirocinio è stato utilizzato allo scopo di fare riferimento ad un'attività di addestramento pratico e tale addestramento deve essere svolto in presenza di un altro Mediatore. A questo punto, bisogna in effetti considerare che far assistere i Mediatori a significative sessioni di mediazione con l'assenso delle parti coinvolte garantisce la possibilità di un ritorno comune fra formatore e discente.

Concretamente, ciò significa consentire un dibattito ragionato e l'analisi delle condotte intraprese durante i procedimenti di mediazione, l'approfondimento dei profili che vengono mano a mano alla luce e l'apprezzamento delle pratiche corrette da assumere come regole comportamentali virtuose, nella direzione di migliorare l'efficacia delle tecniche di mediazione e la conoscenza della disciplina normativa che vi è sottointesa.(*)

La partecipazione può essere intesa sia in forma restrittiva, cioè limitata alla sola assistenza, ma, per i fini ai cui tende l'istituto del tirocinio, deve essere applicata in maniera più estensiva, garantendo cioè la possibilità per il tirocinante di svolgere talune attività con la supervisione del Mediatore incaricato del procedimento di mediazione.

L'interpretazione fornita dal Ministereo della Giustizia con la circolare del 20 dicembre 2011 è invece orientata nella direzione opposta, preoccupandosi che venga preservata la consapevolezza delle parti in mediazione che la gestione e il compimento dell'attività diretta alla soluzione concordata della controversia derivi unicamente dal Mediatore titolare.

Questa argomentazione, però, non è del tutto esaustiva, in quanto ben possono essere nominati come gestori della vertenza più Mediatoti titolari, in ragione della complessità della materia trattata o delle caratteristiche molto tecniche dell'oggetto della discussione.

In tali casi, infatti, è preferibile vi siano più Mediatori, i quali devono coordinarsi fra loro nella gestione della procedura e, non diversamente che in presenza di tirocinanti, anche in tali casi deve essere garantita la consapevolezza delle parti di un'unicità della gestione dell'attività svolta, per una soluzione concordata della vertenza da parte dei Mediatori titolari.

Sintetizzando, infine, secondo il nostro ragionamento, riesce di difficile giustificazione anche l'ulteriore argomentazione addotta dal Ministro della Giustizia, per il quale questa interpretazione restrittiva ha lo scopo di instaurare compiutamente il necessario rapporto di fiducia tra le parti e il Mediatore, che costituisce una componente essenziale per la riuscita di una mediazione.

E' stato, altresì, sollevato il problema relativo al fatto che il tirocinio potesse svolgersi anche mediante la partecipazione ad una fase preliminare del procedimento di mediazione; ad esempio relativamente alla verifica della rispondenza della domanda di mediazione ai requisiti regolamentari, all'individuazione delle indennità dovute o alla verifica dei poteri di rappresentanza.

Il Ministero della Giustizia, nella circolare del 20 dicembre 2011, ha ritenuto opportuno precisare che le attività sopra richiamate, seppure da ritenersi rilevanti, devono intendersi preliminari o successive rispetto al nucleo centrale dell'attività di mediazione, per la quale il Legislatore ha imposto l'ulteriore attività formativa del tirocinio.

L'interpretazione del Ministero della Giustizia è quella di considerare realmente formativo per il Mediatore e, quindi, da privilegiare, il momento del confronto delle altrui esperienze nel diretto contatto tra le parti; questo momento emerge esclusivamente nel corso delle diverse sessioni congiunte e separate del procedimento di mediazione.

Purtroppo, nella pratica reale si sono manifestati dei problemi forse inaspettati, in quanto il tirocinio è stato considerato valido anche rispetto a sessioni che consistono nella mera redazione di un verbale negativo per mancata adesione o comparizione delle parti.

Infatti, alcuni Mediatori professionisti(**) hanno con forza espresso l'opinione che l'attuale previsione normativa non assicuri al tirocinante che l'attività formativa in esame sia indirizzata verso l'assistenza di sessioni del procedimento di mediazione dalle quali trarre un'esperienza ed un ammaestramento ulteriori.

Talvolta, al contrario, la previsione dell'assolvimento di un obbligo, che a questo punto appare solo di natura formale, può avere una funzione esattamente opposta a quella che la Legge si propone di perseguire.

Per garantire questa qualità dell'attività è stata affrontata la questione se, per il raggiungimento dei venti casi di mediazione cui il Mediatore partecipa come tirocinante, deve essere richiesta la presenza ad un intero percorso di mediazione - che va dalla prima sessione a quella conclusiva di redazione del verbale - ovvero sia possibile molto più semplicemente partecipare anche a singole fasi del medesimo percorso di mediazione.

Il Ministero della Giustizia ha preferito l'impostazione secondo cui *"costituisce partecipazione anche la sola presenza ad una singola fase di cui si compone il percorso di mediazione"*, ritenendo questa soluzione più in linea con la reale *ratio* della norma, che è quella di consentire ai Mediatori di potere verificare le modalità di gestione del procedimento di mediazione da parte di altri Mediatori, potendo in tal modo arricchire il proprio bagaglio formativo.

Riassumendo, dovrebbe essere consentito a ciascun Mediatore di potere verificare e condividere l'altrui esperienza ora in sede di prima sessione, ora in un momento successivo, senza porre alcuna ulteriore preclusione.

(*)Questa tesi da me condivisa è stata riportata dalla collega BEATRICE GENCHI, formatore presso ALTALEX, nelle proprie osservazioni al Ministero della Giustizia sull'analisi biennale dell'andamento del tirocinio della mediazione in Italia.

(**)Questa tesi da me condivisa è stata riportata dalla collega BEATRICE GENCHI, formatore presso ALTALEX, nelle proprie osservazioni al Ministero della Giustizia sull'analisi biennale dell'andamento del tirocinio della mediazione in Italia.

* * *

La previsione dell'art. 7, comma 5 del Decreto n. 180 del 2010 e il verbale negativo di mancata comparizione

Se ciascuna fase del percorso di mediazione costituisce momento utile per il tirocinio obbligatorio, si deve però affrontare l'accennato problema pratico di partecipazione dei Mediatori anche a quelle fasi che qui chiameremo, per così dire, "passive", ovvero quelle ipotesi in cui, effettuata la comunicazione all'altra parte, il Mediatore prende atto della mancata comparizione di questa, redigendo il verbale negativo, secondo quanto previsto nell'art. 7, comma 5, del decreto n. 180 del 2010, modificato dall'art. 3, comma 1, lettera a) del decreto n. 145 del 2011.

Tenendo in debito conto le finalità espressamente perseguite con l'introduzione di un obbligo di tirocinio assistito per il Mediatore, il parere del Ministero della Giustizia non poteva non andare nella direzione del sostegno ad una vera ed effettiva attività di pieno arricchimento personale e, quindi, verso l'imposizione di una necessaria partecipazione ad una fase del procedimento di mediazione "attiva".

Con la circolare del 20 dicembre 2011, il Ministero della Giustizia adotta, però una linea maggiormente flessibile, motivando la propria scelta con la considerazione che, in una fase ancora di sviluppo e di diffusione del procedimento di mediazione, imporre l'espletamento dell'obbligo di tirocinio assistito solo per le fasi "attive", significherebbe limitare enormemente la possibilità dei Mediatori di poter adempiere a tale richiesta, in quanto difficilmente ciascun tirocinante potrebbe, nel biennio, espletare la suddetta attività formativa.

Il Ministero della Giustizia si è reso effettivamente conto del pericolo della creazione di un'ingiusta diseguaglianza tra il Mediatore che deve partecipare ad un procedimento di mediazione "attiva", sottoposto al rischio d'investimento di una elevata quantità tempo, a cui potrebbe non corrispondere una effettiva utilità, e il Mediatore che partecipa ad un procedimento di mediazione "passiva", il quale sicuramente verrà celermente definito per mancata partecipazione della parte invitata.

A maggior ragione, in relazione ai numeri che si sono medio tempore prodotti(*), il Ministero della Giustizia, non solo ha dovuto consentire a tutti i Mediatori di poter adempiere al proprio obbligo formativo, ritenendo valida, ai fini del conteggio delle venti partecipazioni nel biennio a titolo di tirocinio assistito, anche la propria presenza in un procedimento di mediazione per la redazione di un verbale negativo; ma sarà costretto, a breve, ad intervenire con una nuova circolare interpretativa, per evitare che il tirocinio obbligatorio, nella forma attualmente vigente, diventi in concreto impraticabile.

Infatti, anche ammettendo più Mediatori in tirocinio per ciascun procedimento di mediazione e volendo prescindere dalla effettiva adesione e partecipazione "attiva" della parte invitata, allo stato attuale dei fatti, il numero delle istanze di mediazione, per consentire di adempiere tempestivamente all'obbligo di Legge, dovrebbe raggiungere una cifra superiore al milione nel corso del biennio(**).

L'esperienza, purtroppo, ci ha mostrato come, persino sotto la vigenza della condizione obbligatoria di procedibilità per un gruppo rilevante di materie, in relazione alle quali andava preventivamente attivato il procedimento di mediazione, i numeri di riferimento non hanno mai permesso di pensare di poter raggiungere una tale cifra.

(*)Invero, a quanto consta dagli ultimi dati del 2012 del Ministero della Giustizia, risultano iscritti nei registri degli organismi di mediazione circa 60.000 Mediatori, ciascuno dei quali dovrebbe svolgere, per conservare la propria iscrizione e, nell'intendimento del Legislatore, per migliorare le proprie competenze, un numero di 20 tirocini nell'arco di un biennio.

(**)Questa tesi da me condivisa è stata riportata dalla collega BEATRICE GENCHI, formatore presso ALTALEX, nelle proprie osservazioni al Ministero della Giustizia sull'analisi biennale dell'andamento del tirocinio della mediazione in Italia.

* * *

Considerazioni conclusive sul tirocinio obbligatorio per il mediatore civile

Alla luce di questi dati diventa di difficile comprensione e realizzazione anche l'interpretazione fornita dal Ministero della Giustizia in materia di rinnovo del tirocinio ad ogni biennio successivo al primo.

In conclusione, secondo il Ministero della Giustizia, i Mediatori, per ogni biennio successivo alla loro iscrizione, oltre a seguire uno specifico aggiornamento formativo presso gli enti di formazione, in base all'art. 18, comma 2, lettera g) del decreto n. 180 del 2010, dovranno altresì partecipare ad almeno venti casi di mediazione nella forma di tirocinio assistito.

È forse il caso di richiamare all'attenzione la pericolosa distinzione operata dal Ministero della Giustizia fra i Mediatori già iscritti al momento dell'entrata in vigore del decreto n. 145 del 2011 – il 26 agosto 2011 per la precisione – e quelli iscritti successivamente.

Si vuole solamente evidenziare, infatti, che tale differenziazione rischia di venire a creare uno scomodo precedente, che in futuro potrebbe dare adito a delle diseguaglianze nel trattamento di professionisti rivestiti della medesima qualità.

Nella circolare del 20 dicembre 2011, Il Ministero della Giustizia si limita semplicemente a ribadire un principio che non necessitava di chiarimenti, affermando che *"per i Mediatori già iscritti, il biennio ha inizio dalla data di entrata in vigore del suddetto decreto correttivo* [decreto n. 145 del 2011]*: è evidente, infatti, che solo da tale data può esigersi per essi il rispetto dell'ulteriore obbligo di aggiornamento. Per i mediatori iscritti in data successiva, l'obbligo di aggiornamento avrà decorrenza dalla data di iscrizione di ciascuno di essi presso l'elenco dell'organismo di mediazione di appartenenza."*

Il vero discriminante, infatti, rimane il fatto che, dopo l'entrata in vigore del decreto correttivo, sempre più Mediatori in possesso dei requisiti richiesti dalla Legge non hanno trovato organismi di mediazione disponibili ad iscriverli nei propri elenchi, con conseguente impossibilità da parte loro di assolvere sia l'obbligo di aggiornamento già previsto sia l'obbligo ulteriore.

Pertanto, non appare condivisibile il parere espresso dal Ministero della Giustizia sul numero dei Mediatori in tirocinio ammissibili per ogni singolo procedimento di mediazione, soprattutto in considerazione della drastica diminuzione delle istanze che non fa molto ben sperare.

Viene, infatti, affermato che, *"non essendo possibile compiere in modo aprioristico ed astratto una delimitazione del numero di Mediatori in tirocinio che possono, di volta in volta, essere presenti per ciascuna mediazione, la soluzione più ragionevole, in mancanza di specifica indicazione normativa, è quella di lasciare la valutazione al responsabile di ciascun organismo di mediazione.*"

Il principio sotteso, infatti, è quello del rispetto della capacità organizzativa di ciascun organismo di mediazione, come espressione della propria efficienza, imposta dall'art. 16, comma 1, del Decreto Legislativo n. 28 del 2010.

L'applicazione di tale regola, però, affida unicamente ad una seria ed attenta valutazione da parte del responsabile dell'organismo il compito di garantire nel miglior modo possibile il proprio servizio, ma lascia certamente ancora aperto e dibattuto, in assenza di una specifica previsione normativa, il problema generato dal difficile adeguamento delle esigenze di formazione dei Mediatori tirocinanti con la necessità di tutelare l'interesse delle parti in mediazione ad un ambiente sereno e privo di fonti di distrazione.

* * *

L'AUTORE

Avv. Alessio Valenari

Alessio Valenari è nato a Verona dove vive con la sua famiglia.

E' laureato in Giurisprudenza e ha conseguito l'abilitazione alla professione di Avvocato. E' un appassionato di comunicazione e di PNL.

E' Mediatore Civile e Commerciale iscritto nell'elenco istituito presso il Ministero della Giustizia ed esercita presso alcuni organismi accreditati, tra i quali lo Sportello di Conciliazione della CCIAA di Verona.

Referente Provinciale per Verona dell'Associazione Professionale Mediatori Civili.

Specializzato nell'assistenza nelle controversie in materia di diritti dei Consumatori, lavora presso l'Ufficio Reclami e Soddisfazione della Clientela di una primaria Compagnia assicurativa italiana.

Fosca Colli

Mediatore Civile Professionista
Giornalista (*)

La diffamazione
a mezzo stampa
o
con altro mezzo di pubblicità

La vera libertà di stampa è dire alla gente ciò che la gente non vorrebbe sentirsi dire

(George Orwell)

Premessa

E' uno degli argomenti forse meno trattati o se lo sono è perché una delle parti coinvolte è particolarmente nota tanto da destare eco sui vari mass media e da essere al centro dell'attenzione dell'opinione pubblica.

E' la diffamazione a mezzo stampa. Quando qualcuno si ritiene danneggiato perché il suo nome o la sua immagine sono comparsi su qualche organo di informazione, sia esso cartaceo sia esso radiotelevisivo o anche una testata giornalistica online.

Fino a qualche anno fa chi si sentiva leso nel suo diritto aveva come unica possibilità quella di chiedere una rettifica e poi, se non contento o non accontentato, rivolgersi al Tribunale.

Una svolta si è avuta quando anche in Italia è stata introdotta la Mediazione Civile e Commerciale grazie al Decreto Legislativo del 21 marzo 2011 successivo al Decreto Legislativo n.28 del 4 marzo 2010 e al D.M. 18 novembre 2010, n. 480. L'intento, quanto mai lodevole e positivo, era quello di evitare che le liti inerenti la Diffamazione potessero continuare a contribuire ad ingolfare le aule di giustizia. Ha introdotto l'obbligatorietà della mediazione anche in altri settori di controversie civili: distanze nelle costruzioni, usufrutto e servitù di passaggio; divisione; successioni ereditarie; patti di famiglia; locazione; comodato; affitto di aziende; risarcimento danni da responsabilità medica; contratti assicurativi, bancari e finanziari; controversie di condominio e risarcimento del danno derivante dalla circolazione di veicoli e natanti. Uno spaccato di piccoli grandi conflitti che, al di là della legge, ci trova spesso protagonisti, in ruoli diversi, alla ricerca di una giustizia che stabilisca "vinti" e "vincitori", ma che spesso lascia sul campo tante vittime. La legge, quindi, ha conferito alla mediazione uno dei suoi ruoli più importanti, quello della prevenzione, evitando la degenerazione del conflitto, anche oltre la sentenza, sia sul piano strettamente personale che su quello giuridico.

La mediazione risponde a bisogni veri e profondi di ogni cittadino: dietro la voglia di litigare in molti resta la recondita speranza che, all'improvviso, come per magia, tutto appaia una finzione e che sia possibile pervenire ad un accordo fondato sul rispetto reciproco. Il mediatore deve essere ben altro da quello che è risultato dalla normativa perché la mediazione non è una via per *limitare* il conflitto, bensì per *trasformarlo*. Non per dare un po' di torto e un po' di ragione a ciascuno dei contendenti, ma per svelare quelle ragioni, non sempre note agli stessi soggetti coinvolti, che fanno scaturire le liti, per portarle alla luce e scandagliarle. Non per limitarsi a registrare che le posizioni delle parti contrapposte sono molto distanti e attestare che avendo fatto il tentativo ora possono iniziare il contenzioso davanti al giudice. O per dichiarare che non si può procedere con la mediazione perché uno degli interessati non si è presentato, finendo così per attestare riuscite solo mediazioni che riguardano conflitti che per loro natura si sarebbero risolti comunque presto.

Vi è da sottolineare e ricordare che al momento in cui si scrivono queste righe (marzo 2013) la obbligatorietà della mediazione su questa e su altre questioni (ad esempio condomini, assicurazioni e tanto altro) è di fatto "congelata" a seguito del noto pronunciamento della Corte Costituzionale del 24 ottobre 2012 ha rilevato un eccesso di delega ossia il Governo aveva sì la delega a legiferare in questa materia ma non a renderla obbligatoria; un "gap" al quale si auspica che il nuovo Governo possa porre rimedio quanto prima. Una battaglia, quella per la reintroduzione della obbligatorietà, che l'Associazione Professionale Mediatori Civili (Apmc) che presiedo sta conducendo su tutti i fronti. Tra coloro che hanno ostacolato l'applicazione del decreto, gli avvocati (anche se molti di loro si sono tardivamente ricreduti tanto che non pochi di essi sono a loro volta diventati anche Mediatori Civili), che ritenevano, è cosa risaputa, compromessa la loro professione ed hanno fatto di tutto pur di ostacolare questa nuova metodologia.

Tornando al Decreto Legislativo 28/2010, esso parla espressamente anche di *"diffamazione con il mezzo della stampa o con altro mezzo di pubblicità"* tra le materie per le quali la mediazione è obbligatoria, fatta eccezione per i casi in cui la relativa azione civile sia esercitata nel processo penale.

L'intento era ed è che chiunque intenda chiedere un indennizzo (ma spesso ci si accontenta anche di sole scuse formali scritte nero su bianco) come risarcimento per articoli usciti su quotidiani, agenzie di stampa, periodici o trasmessi da radio, tv ed internet e ritenuti diffamatori deve rivolgersi ad un mediatore per trovare un accordo – solitamente di natura risarcitoria – e, solo in caso di insuccesso, poi iniziare una vertenza innanzi al giudice civile.

Il fatto che il D.L. 28/2010 citi espressamente *"diffamazione con il mezzo della stampa o con altro mezzo di pubblicità"* è sicuramente un qualcosa di estremamente importante in quanto in sede penale il mezzo stampa e le altre forme di pubblicità vengono di regola tenuti distinti, con l'aggravante della condotta lesiva della reputazione altrui applicata solo alle pubblicazioni che sono dalla legge qualificate come "giornalistiche" (e quindi quotidiani o periodici cartacei e tele e radio-giornali regolarmente registrati al Registro della Stampa) e sottolineando in questo modo l'aspetto non semplicemente quantitativo (il numero di persone che hanno letto o ascoltato la frase o l'immagine diffamatoria) bensì anche, e soprattutto, quello qualitativo, dato dalla "autorevolezza" della fonte. Una filosofia che è propria anche in sede civile dove solitamente vi è il riconoscimento di un maggior danno, soprattutto non patrimoniale, nelle ipotesi di diffamazione a mezzo stampa rispeto alle altre forme di pubblicità.

Anche se quando si è in Mediazione si dovrebbe mettere da parte i Codici perché i protagonisti sono le parti in lite, vale la pena soffermarsi su cosa si preveda penalmente.

Il reato di diffamazione è previsto e disciplinato dall'articolo 595 del Codice Penale che punisce con la reclusione fino ad un anno o con la multa fino a 1.032 Euro chiunque offenda l'altrui reputazione comunicando con più persone. E se l'offesa consiste nell'attribuzione di un fatto determinato si incorre in una condanna fino a due anni o della multa fino a 2.065 Euro.

Circa la diffamazione a mezzo stampa o con altri mezzi di pubblicità, questa è disciplinata dal terzo comma dell'art. 595, che sanziona il trasgressore con la pena della reclusione da sei mesi a tre anni o della multa non inferiore a 516 Euro. Vanno ricordati anche gli articoli 57, 57 bis, 58 e 58 bis del Codice Penale, in materia di reati commessi con il mezzo della stampa periodica, non periodica e clandestina, tra cui si segnala la previsione di una responsabilità concorrente con quella dell'autore della pubblicazione per il direttore o il Direttore responsabile, il quale abbia omesso di esercitare il controllo necessario ad impedire che col tramite della pubblicazione siano commessi reati.

Tanto per puntualizzare: il Direttore di una testata può essere chiunque, al di là del suo titolo di studio, della sua cittadinanza o qualifica (può anche non essere un iscritto all'Ordine dei Giornalisti), mentre il Direttore Responsabile deve *obbligatoriamente* essere un iscritto all'Ordine dei Giornalisti (indifferente se all'elenco Pubblicisti o Professionisti).

Se si tratta di una testata giornalistica (quindi iscritta al relativo Registro), la persona che si è sentita diffamata non può e non deve chiamare chiunque faccia parte del giornale o rivista o network ma specificatamente chi ha redatto il servizio o articolo e il Direttore Responsabile. Nel caso in calce al pezzo non vi sia il nome dell'autore, si deve chiamare in mediazione (o giudizio se penale) il Direttore Responsabile, che per Legge è, appunto, responsabile di ciò che viene pubblicato perché è lui che dovrebbe, dopo averne presa visione e letto il contenuto, dare il permesso alla pubblicazione; spesso questo compito importantissimo non viene assolto, così che negli ultimi anni è diventato esponenziale il numero delle cause per diffamazione.

Questa precisazione ho ritenuta di farla in quanto recentissimamente è successo che il responsabile di una società di servizi ha denunciato non solo il Direttore Responsabile e l'Editore ma anche una persona che risultava un redattore (anche se poi in realtà neanche faceva parte della Redazione in quanto solo collaboratore esterno e neanche contrattualizzata) che nulla aveva a che vedere con l'articolo "incriminato". L'incongruenza è palese: sarebbe come citare un semplice impiegato che niente sa e nulla ha fatto solamente in quanto è un dipendente o un collaboratore di una ditta della quale il Direttore Generale o Amministratore Delegato fosse accusato di un qualcosa di cui potrebbe doverne rispondere innanzi alla legge.

* * *

L'importanza della rettifica
e il diritto di cronaca

Tornando alla diffamazione a mezzo stampa, è importante poi ricordare quanto sia fondamentale una *rettifica* per evitare di incorrere in problemi: è bene rammentare in proposito come la Legge 47/1948, come recentemente modificata, inasprisca le pene per la diffamazione a mezzo stampa e attribuisca alla persona offesa il diritto (quindi non una semplice facoltà) di ottenere la rettifica delle espressioni lesive.

E inoltre il caso di rammentare che la querela deve essere presentata dalla persona offesa o da parte dei prossimi congiunti nel caso essa sia deceduta prima che sia decorso il termine per la querela o se si tratti di offesa alla memoria di un defunto.

La diffamazione a mezzo stampa o con altro mezzo in mediazione può essere meglio affrontata che non in una aula di tribunale, in quanto le parti possono meglio rapportarsi tra di esse grazie ad un terzo imparziale. Ovviamente se il terzo imparziale ha anche una specifica competenza meglio può riuscire a far trovare un punto d'intesa tra le parti.

Ad esempio, chi scrive questo capitolo ha una esperienza quasi trentennale essendo iscritta all'Ordine dei Giornalisti dal 1985 e, quindi, è in grado di vedere ben al di là di chi non ha dimestichezza con il mondo dell'informazione e dei suoi meccanismi e poter quindi, individuare un modo "creativo" per arrivare ad un accordo tra le parti. Non è detto che la soddisfazione debba essere rappresentata necessariamente da una più o mena cospicua somma di denaro.

Ci sono situazioni in cui le parti continuano a farsi battaglia solo per puntiglio, perché l'una non vuole cedere all'altra e talora, anche se la cosa potrebbe sembrare quasi infantile, per mero dispetto.

E' vero che l'articolo 21 della Costituzione tutela la libertà di espressione del pensiero esercitata attraverso la parola, lo scritto e con ogni altro mezzo di diffusione. Ma è anche vero il vecchio detto popolare: la libertà di uno finisce quando inizia la libertà dell'altro. Se così non fosse ci sarebbe anarchia totale.

Il diritto di cronaca è un diritto sacrosanto e le fonti di un giornalista sono tutelate. Ma una penna impugnata in modo improprio può rivelarsi una pericolosissima arma se non la si usa con coscienza e competenza. Purtroppo spesso in Italia le redazioni e i giornali sono pieni di "ragazzetti" e "ragazzette" (ma spesso anche pensionati o "doppi-lavoratoristi" ossia che svolgono altri lavori oltre a quello di corrispondente come nel caso di postini, studenti, impiegati che fanno anche i giornalisti, cosa diffusissima specialmente sulla stampa locale) sottopagati o che scrivono solo per onore della firma o con la prospettiva di potersi iscrivere all'Ordine ma che non hanno la benché minima esperienza nella professione giornalistica e nessuno neanche gliela spiega. E se non si ha esperienza e conoscenza della deontologia professionale è facile incorrere in problemi, inesattezze, confusioni, fraintendimenti con conseguenti querele o chiamate in mediazione.

Non è raro, ad esempio, che si facciano incredibili strafalcioni, soprattutto in campo giudiziario, quali affermare che "tizio è un imputato" mentre in realtà si tratta di un "indagato" ossia sottoposto ad indagini.

Eclatante il caso di un notissimo giornalista in cerca di scoop: aveva avuto la soffiata da una fonte che riteneva ultra/affidabile che durante la notte un importante personaggio sarebbe stato arrestato per corruzione. Volendo bruciare tutti sul tempo aveva dato grande risalto alla notizia dicendo che il signor tale era finito in manette e aggiungendo anche numerosi particolari circa le indagini. Ma, come dice un popolare proverbio, *"Fidarsi è bene, non fidarsi è meglio"* e *"Mai vendere la pelle dell'orso prima di averlo ucciso"*: il noto personaggio non era finito in manette perché non era stato poi emesso alcun mandato di arresto nei suoi confronti.

Facile immaginare il comprensibile risentimento del diretto interessato che si era visto sbattuto in pagina come "mostro" con danni alla sua immagine di professionista e con ricadute sulla famiglia, in particolare sui figli in età scolare additati dai compagni di studi.

Diversamente sarebbe stato se vi fosse stato un sapiente e ben ponderato uso del condizionale... un *"sembrerebbe"* o un *"parrebbe"* è un solido salvagente per il giornalista. Mai dare per certo un fatto di cui si ipotizza o che (nel caso di un soggetto sospetto o indagato) potrebbe avere una radicale svolta in un verso (ad esempio, se poi risulta estraneo ai fatti) o nell'altro.

Un esempio attualissimo e concreto è dato da una sentenza della Cassazione (che rispecchia comunque il parere dei due precedenti gradi di giudizio) del febbraio del 2013 che ha assolto un giornalista della nota e seguitissima trasmissione *"Report"* in onda sulle reti Rai. In questo caso *"l'àncora di salvataggio"* erano state tre paroline ossia *"Si sospetta che..."*; quindi si era avanzata una ipotesi in forma di dubbio e non si era espressa una certezza. La frase esatta era stata: *"Senza giri di parole si sospetta proprio della più grande raffineria italiana di Monopoli: abbiamo girato la domanda al presidente"*.

* * *

Questione di... titolo

Capita talora che qualcuno si senta colpito più che altro per un titolo pubblicato, non necessariamente in prima pagina, a lettere cubitali o un po' forte (non si intende ovviamente nel senso di espressioni volgari) tanto da attirare l'attenzione dei lettori che già possono farsi una idea del contenuto del testo. Ebbene, su questo aspetto la primavera del 2012 si è pronunciata la Cassazione che ha sentenziato che un titolo non è diffamatorio se confermato negli atti giudiziari. Motivo del contendere quello – che faceva riferimento alla cosiddetta tangentopoli – così composto: "*Il vento di Mani Pulite non scoraggia i tangentomani più accaniti*". Era stata l'espressione "*tangentomane accanito*" a suscitare il disappunto di una delle persone citate nell'articolo che riteneva che quella frase fosse lesiva della sua immagine in quanto così diceva di essere "*etichettato*" come avvezzo alle "*bustarelle*". I giudici della Suprema Corte hanno esaminato tutti gli incartamenti ed hanno assolto il quotidiano visto che ci si era attenuti al diritto di cronaca. Infatti il titolo attribuiva a chi si era sentito offeso – nei cui confronti pendeva un procedimento penale – una condotta che comunque aveva un oggettivo riscontro negli atti giudiziari e nell'oggetto dell'imputazione.

Per non incorrere nella lesione dell'onore altrui e, quindi, non incappare nella diffamazione basta non travalicare ed essere ben certi di quello che si scrive (avere le cosiddette *"pezze d'appoggio"*) e rispettare poche ma fondamentali regole: verità dei fatti narrati; loro pertinenza, ossia l'oggettivo interesse che essi rivestono per l'opinione pubblica; correttezza nel riportarli.

E se si volesse essere "pungenti"? anche questo è possibile sempre che si rispettino le regole. L'esercizio del diritto di critica è infatti garantito dall'articolo 21 della Costituzione, e affinché non comporti la lesione dell'onore altrui, vi devono essere due condizioni:

- il discorso critico deve avere contenuto esclusivamente valutativo;
- il linguaggio utilizzato deve essere privo di espressioni inutilmente volgari o umilianti e non deve trascendere in attacchi personali finalizzati all'unico scopo di aggredire la sfera morale altrui.

Se così non è, si incappa nella diffamazione a mezzo stampa e la persona offesa ha il diritto di vedersi risarcita dei danni patrimoniali e non patrimoniali subiti.

* * *

Diffamazione tramite...
l'obiettivo di una telecamera

Fin qui ho accennato per lo più a verba scritte. Ma la diffamazione può anche avvenire non sulla carta stampata ma "anche utilizzando" in maniera impropria l'obiettivo di una... telecamera in modo da amplificare ed allargare alla massima udienza possibile accuse ed illazioni per colpire qualcuno. E non sto parlando di una risposta ad una intervista, ma di chi manda dei messaggi per condizionare l'opinione pubblica circa l'onestà di qualcuno.

Ecco un esempio reale di una vicenda che giornalisticamente seguii. Si tratta di una sentenza emessa qualche anno fa dal Tribunale penale di Roma e che si concluse con la condanna dell'imputato, un ex amministratore pubblico, Piero A.

A chiamarlo in giudizio fu l'ex consigliere regionale Guerrino C. che si era sentito da lui diffamato durante un'assise consiliare. La sentenza venne emessa dopo circa un'ora di camera di consiglio: Piero A., difeso dall'avvocato Giovanni D.B., venne ritenuto colpevole di diffamazione a mezzo stampa e condannato a pagare una multa di un milione e 800mila di vecchie lire, al risarcimento dei danni (da definire in separata sede) nonché ad una provvisionale di sette milioni di lire (due milioni in più rispetto a quanto ne aveva richiesti l'avv. Silvana R., legale della parte offesa). I fatti risalivano a sette anni prima. Pietro A., all'epoca consigliere comunale, nell'assise consiliare del 1° ottobre durante un intervento – riportato testualmente negli atti processuali – disse: *"In questo Comune, abbiamo avuto anche rappresentanti del Consiglio Regionale, questa volta nel PCI, che ancora continua a fare politica. Voi lo sapete cosa ha fatto di bello questo consigliere? Lui ha aiutato la nostra città, ha fatto arrivare un contributo di 3 miliardi al Comune di Pomezia; però si è sbagliato, ha sbagliato indirizzo. Non l'ha mandato in Piazza Indipendenza* (ndr – dove ha sede l'Ufficio Protocollo del Municipio), *lo ha mandato alla Via del Mare, ad un amico suo, collegato con i soliti amici"*.

Mentre pronunciava queste parole, l'oratore rivolgeva lo sguardo verso la telecamera dell'emittente locale Telepontina, che stava riprendendo i lavori, per poi, come consuetudine, trasmetterli più volte nei giorni successivi e che all'epoca era molto seguita.

Guerrino C., sentitosi ingiustamente accusato, denunciò il consigliere comunale per <*diffamazione a mezzo stampa*>, ritenendo che Pietro A. avesse volutamente approfittato della presenza della telecamera per gettare cattiva luce su di lui. E il giudice gli diede ragione.

* * *

Diffamazione on-line

Con il diffondersi delle nuove tecnologie la diffamazione "corre" sempre più per il web. E qui non si tratta solo di testate giornalistiche. Frasi, foto, filmati che possono gettare discredito possono apparire in un attimo su blog e social network raggiungendo in un baleno migliaia e migliaia di utenti. Le conseguenze possono rivelarsi devastanti, cui una semplice richiesta di rettifica (che spesso neanche avrebbe un interlocutore) difficilmente può porre rimedio. Il dibattito su questo è aperto. Comunque sia, quando l'autore del messaggio (nelle sue molteplici sfaccettature) è identificabile (spesso chi vuole colpire lo fa non anonimamente, quasi che si senta protetto dalla "rete") lo si può chiamare per rendere conto delle sue offese e se questo non è possibile, nel caso si tratti di siti di una certa importanza, si chiamano a risponderne i responsabili. Ma non sempre si arriva ad una soluzione e i pochi casi si trovano poi ad aver eco proprio perché la loro rarità.

A dire il vero si era cercato di rimediare a questo non controllo del web, ma poi ci si è arenati poiché i confini tra libertà e bavaglio all'informazione si sono rivelati alquanto sottili e si rischiava di arrivare a forme di censura eccessive. Si voleva equiparare blog e quant'altro agli organi di stampa con stesse regole ecc. ma poi il legislatore ha dovuto per forza di cose fare un dietro front dato il clamore suscitato da un provvedimento che era a doppio taglio e che avrebbe avuto dei risvolti imprevedibili se applicato alla lettera.

Comunque sia la Cassazione si è trovata anche ad occuparsi di questo. In questo caso l'attenzione è stata incentrata sul proprietario di un sito web dove un utente anonimo aveva scritto dei post offensivi nei confronti di due politici. La Suprema Corte ha annullato la decisione di un Tribunale che aveva sequestrato un intero sito – quindi non solo la pagina incriminata – trattandolo alla stregua di una testata giornalistica cartacea. In pratica ha ribaltato la sentenza, ricordando come le norme penali non possano essere interpretate in via estensiva. Pertanto, se le stesse norme sono state previste per il solo caso della stampa cartacea, non possono essere estese anche ai giornali online. Infatti, il direttore del giornale cartaceo è chiamato a fare un controllo generale su un numero da pubblicare che può considerarsi un prodotto finito, visionabile nel suo insieme prima della stampa definitiva. Invece, nel periodico online la pubblicazione avviene con estrema velocità: non appena acquisito un commento o una notizia essi vengono subito messi online, con poca facoltà di controllo da parte del titolare del sito. Inoltre, vi è un alto tasso di interazione, di impossibile gestione e controllo, che invece sulla stampa non esiste. Ma è anche vero che, su Internet, ogni modifica o integrazione può essere fatta in un momento successivo, senza nessuna difficoltà. Comunque sia moltissimi siti, proprio per evitare fastidi, non consentono la pubblicazione in tempo reale ma solo dopo che un Admin (ossia responsabile) li ha visionato il commento e dato il via libera per metterlo on-line.

"E io che c'entro???"

Può capitare che nel dare una notizia di un certo fatto, soprattutto se si tratti di cronaca nera, finiscano nel calderone di un articolo anche fatti, luoghi e situazioni che con il fatto criminoso non c'entrano niente. Ad esempio avviene se si compone un articolo generando una certa confusione nel lettore che si trova più o meno inconsciamente ad abbinare un determinato marchio commerciale o il nome di un negozio, piccolo o grande che sia, al poco edificante episodio. Non sempre, infatti è una persona fisica che potrebbe essere danneggiata ma anche un esercizio commerciale, ma anche una società, una associazione e così via. Una onta per l'immagine con le intuibili ricadute sulla reputazione e il decoro e anche l'affidabilità se non addirittura calo di clienti, associati e relativi incassi e introiti. E se poi il gravissimo caso di "nera" neanche sia mai accaduto ma si è "ricondotto" il fattaccio ad un locale, le cose prendono ovviamente una piega certo non piacevole; e ancora di più se poi non si fa immediata rettifica nei dovuti modi, ossia con la stessa rilevanza con cui era stata data la notizia. Questo quello che è successo in Calabria dove un quotidiano della zona aveva diffuso la notizia di un accoltellamento subito da un buttafuori avvenuto all'interno di un noto pub di Rende

(Cs). Il fatto, invece, non era in realtà mai avvenuto. Come se non bastasse, nel medesimo pezzo, il poco informato giornalista riportava come "precedente" del locale un episodio simile: ma che sarebbe bastato controllare uno stradario per scoprire che questo si era consumato in tutt'altra parte, ossia in una piazza di Cosenza distante bel 5 chilometri dal pub. Ovviamente il titolare dell'esercizio commerciale ha denunciato il giornale per diffamazione sentendosi leso nella *reputazione commerciale*. Il Gup aveva archiviato la denuncia, pur avendo riconosciuto la falsità della notizia, ritenendo che, comunque, il giornalista non aveva ascritto al gestore del locale alcuna condotta riprovevole. Un pronunciamento che non era stato certo accolto favorevolmente dal diretto interessato che così si è rivolto alla Cassazione che gli ha dato ragione in quanto la divulgazione di notizie che in un qualche maniera condizionano l'opinione pubblica possono arrecare danno a chi svolge una attività aperta al pubblico e che di pubblico vive.

* * *

Casi tratti dalla cronaca: dal buffone dato ad un politico al paesino dall'inquietante nomea

Di seguito una piccola panoramica su casi di diffamazione di cui è stata data notizia sui quotidiani:

Diffamazione a mezzo Facebook, condannata un'impiegata

(Dicembre del 2012)scriveva frasi ingiuriose su Facebook contro quella che aveva assunto a sua vittima e, quando le capitava a tiro, le stesse frasi le ripeteva in chat anche alla figlia della donna vessata dal suo agire. Un comportamento reiterato il suo che è cessato solo dietro minaccia di denuncia. Ma la vittima, una giovane donna poco più che trentenne, quella denuncia ha poi deciso di produrla comunque.

Dà del cialtrone ad un sindaco, assolto

(Marzo 2013) Parole come "buffone" o "cialtrone" dette a un politico non costituiscono un'offesa ma solo una forte critica. Concetto messo a fuoco da una sentenza della Cassazione che nel 2006 assolse un giornalista free-lance, P.R. che era stato denunciato per diffamazione da Silvio Berlusconi (era il 2003) in quanto il giornalista incrociandolo in un tribunale gli urlò in faccia *"Buffone, fatti processare"* . La Cassazione motivò l'assoluzione di P.R. affermando che la parola *"buffone"* ad un politico non è un'offesa ma una *"forte critica"*. Un episodio *"fotocopia"* si è avuto a Ferrara. Stavolta alla "sbarra" vi era un consigliere comunale del Pdl imputato di diffamazione a mezzo stampa perché nel 2009, per una notizia pubblicata sul sito Estense.com diede del *"cialtrone"* al sindaco di una località, in quota Pd. Il primo cittadino lo querelò ma a il giudice monocratico lo ha assolto. L'avvocato dell'imputato ha ovviamente espresso piena soddisfazione sottolineando come il suo assistito fosse stato assolto grazie alla sentenza della Cassazione che non condannò P.R. quando offese Berlusconi. Il sindaco che lo aveva chiamato in giudizio non ha gradito la sentenza è ha detto sì di rispettarla ma anche di prendere atto che *"in questo modo il mondo del diritto avvalora le occasioni in cui si possono offendere le persone, in particolare i politici"*.

Attenzione a "etichettare" un paese come portatore di sfortuna!

Qualche anno fa andai con mio padre Antonello – giornalista, scrittore, commediografo – a Valsinni, minuscola località nel cuore della Basilicata (provincia di Potenza), nella Valle del Sinni, in occasione della presentazione del suo testo teatrale *"Isabella di Morra – Delitto d'Onore"* ambientato proprio in quelle parti. Ricordo che una vecchietta mi indicò con il suo dito magrissimo e in un accento per me, di Roma, incomprensibile un paesino in lontananza dicendo *"no anda' in chill' pais!!!"* qualcosa del tipo *"non andare in quel paese".* E io, non capendo chiesi: *"Ma che paese? Come si chiama"* e lei portandosi il dito davanti alla bocca in segno di silenzio disse con un filo di voce: *"Non te lo posso dire... il suo nome non si deve dire... noi diciamo <quel paese>".* Il perché ce lo spiegò una nostra amica. Da tempo immemorabile c'era nella zona la radicata credenza che *"chill' pais",* dove pare avessero dimora fattucchiere, portasse male solo a nominarlo. Tra le maghe, la famosa "Cattre", al secolo Maddalena la Rocca, immortalata da Franco Pinna nei primi anni cinquanta, una "masciara", ovverosia una maga locale. Il famoso antropologo visitò il paese nel 1952 (dal 29 settembre al 29 ottobre) e successivamente nel 1954 (tra l'8 e il 14 agosto), e riferì di essere stato protagonista, in accordo con la superstizione, di episodi sfortunati insieme alla sua troupe. Il paese in questione si chiama Colobraro ed è stato al centro di una causa per diffamazione dei confronti del quotidiano Il Giornale che si è visto condannare dalla Cassazione per aver dato del *"menagramo"* alla cittadina che si trova sulle pendici meridionali del Monte Calvario a 630 metri sul livello del mare.

A darne notizia, tra il serio e il faceto, è stato lo stesso organo di informazione. Ecco l'articolo uscito su Il Giornale (8 marzo 2013): *"Premessa d'obbligo in tre punti per evitare una nuova letteraccia da parte del sindaco di Colobraro, meraviglioso paesino in Basilicata: 1) Gli iettatori non esistono 2) la diceria sugli abitanti di Colobraro che «portano sfortuna» è solo una diceria 3) la superstizione è roba da cretini. Cose ovvie un po' per tutti, ma non per il primo cittadino del piccolo centro del Materano che 5 anni fa si adirò non poco per un nostro innocuo articolo, bonariamente ironico sulla sinistra «fama» di cui gode il comune lucano. Anche in quell'occasione lo spunto per parlare di Colobraro arrivò da una sentenza giudiziaria in tema di «iettatura». Ma il sindaco non gradì e, intervistato dal Quotidiano della Basilicata, ce ne disse di tutti i colori: «stampa spazzatura», «nefandezze», «articolo di infima qualità», «informazione distorta» e via offendendo; dulcis in fundo la consueta minaccia di «querela per diffamazione» con tanto di «risarcimento per danni all'immagine». Buuum. Il tutto solo per aver scritto ciò che - scherzosamente - in Basilicata è sulla bocca di tutti: «Quelli di Colobraro portano iella».*

E giù risatine e... toccatine. I primi a darsi di gomito sono proprio alcuni abitanti di Colobraro che - per «competenza» (calma sindaco, non si adiri...) - hanno commentato umoristicamente sul web la recente decisione della Suprema corte che ha confermato la condannato per diffamazione di un imputato, colpevole di aver dato dello «iettatore» a un suo compaesano. Nello specifico la quinta sezione penale della Cassazione ha rigettato il ricorso di un dj dell'emittente radiofonica Radio Regio Stereo, operante ad Altamura, condannato dalla Corte d'Appello di Bari per diffamazione verso diverse parti offese. Nei confronti di una di queste, l'imputato aveva detto che «porta male», tanto che «devo toccar ferro perché porta anche sfortuna». Per i giudici di piazza Cavour «è ampiamente e dolorosamente noto che il "sapere superstizioso" - diretto a distinguere e a disprezzare categorie sociali, identificate per sesso, religione, colore della pelle, provenienza geo politica, etnica, culturale - ha condotto a ingiustificate emarginazioni e disumane persecuzioni». Ragion per cui - sempre a giudizio degli «ermellini» - «commette il reato di diffamazione chiunque adoperi termini che risultino offensivi, in base al significato che essi vengono oggettivamente ad assumere, a prescindere dal loro spessore culturale e dalla loro base scientifica, nella comune sensibilità di un essere umano, collocata in un determinato contesto storico e in un determinato contesto sociale». Motivazioni che però non convincono affatto alcuni abitanti di Colobraro che vedono in queste parole una sorta di involontaria «legittimazione della superstizione». Il ragionamento popolare - più in punta di buon senso che in punta di diritto - non fa una grinza: se infatti l'«energia nefasta» dello iettatore è un'energia inesistente, anche la carica diffamatoria del termine «iettatore» dovrebbe essere nulla. A Colobraro l'hanno capito bene, tanto che su questa storia della «iella» ci giocano su anche a livello di attrazione turistica. Come? Con la tradizionale manifestazione «Sogno di una notte ... a quel paese», come si legge su manifesti e volantini. Il nome di Colobraro, meglio non scriverlo. Non si sa mai...".

Tempi duri per i pettegoli

Sul volume II dell'*Antologia della Mediazione Civile* mi ero occupata di liti condominiali. Ebbene, in questo contesto entrano a buon diritto anche i pettegoli che si divertono a sparlare di qualcuno che abita nel palazzo. Spesso si tratta di dispetti per "punire" per ripicca un qualcuno per una qualche presunta ingiustizia. Ma usare la lingua come un'arma può rivelarsi tutt'altro che conveniente. Nel febbraio del 2013 è stata emessa dalla Cassazione quella che è stata alla ribattezzata come la *"sentenza anti-pettegolezzi"*. In estrema sintesi: riferire le *"voci di vicinato"* può comportare condanna. Ne sa qualcosa un 65enne di Piedimonte Matese (in provincia di Caserta) che dovrà pagare una multa di 300 euro – più spese e danni – per il suo vizietto di dedicarsi alla *"capera"*, una parola dialettale campana che affonda le radici nelle chiacchiere da parrucchiera. L'uomo si è visto confermare il pagamento per aver *"riferito a più persone"* la presunta relazione extraconiugale della sua dirimpettaia. Era stato lui a rivolgersi alla Cassazione, che però ha respinto il ricorso confermando una sentenza del tribunale di Santa Maria Capua Vetere perché *"in ipotesi la notizia della relazione extraconiugale fosse stata corrispondente al vero, non per questo poteva essere divulgata"*. A sua discolpa il ricorrente aveva addotto come nel giudizio di merito fosse stata ritenuta esistente un'offesa della reputazione *"nonostante che la notizia di una relazione fosse diffusa nel vicinato e che nessuno l'avesse mai contestata"*. La Suprema Corte ha però ribadito il proprio orientamento in tema di diffamazione: rappresenta lesione delle reputazione *"non solo l'attribuzione di un fatto illecito*" ma anche "*la divulgazione di comportamenti che alla luce dei canoni etici condivisi*" possono "*incontrare la riprovazione della communis opinio*". Non è tutto: per la Cassazione "*la riservatezza, come la dignità, può cedere dinanzi al pubblico interesse della notizia, ma non può, in linea di principio, ammettersi che ciò avvenga oltre la soglia imposta dalla destinazione della notizia a soddisfare un bisogno sociale*".

"*Arbitro lei ha una mente malata!*": quando il linguaggio è poco… sportivo

Siamo tutti abituati, seguendo le trasmissioni sportive, su qualunque rete siano, a commenti duri e certo non improntati al *fair play*. Opinionisti e ospiti – talora animati più dal desiderio di far spettacolo che trascinati dal campanilista per i colori della propria squadra – che a fatica vengono tenuti a bada dal conduttore di turno. Sono programmi molto seguiti, motivo per cui eventuali accuse ed illazioni hanno per forza di cose una notevole eco e presa sui telespettatori. Chi è al centro degli strali potrebbe, pertanto, risentirsi in modo particolare se si vede aspramente stigmatizzato oltretutto in maniera diretta e tale da dar adito ad altre supposizioni sulla sua onorabilità. Una categoria particolarmente sotto la lente d'ingrandimento è quella arbitrale cui spesso si riversano fiumi di veleno per come è finita o è stata condotta. E le conseguenze, per chi si lascia troppo trascinare dalla foga nel criticare possono essere salatissime per il portafoglio. E questo lo sa bene un vulcanico giornalista presente spesso alle trasmissioni sportive e notoriamente di "fede" bianco/nera – Giampiero M. – il quale a metà marzo 2013 è stato giudicato colpevole di diffamazione nei confronti dell'arbitro Paolo D. e condannato dal tribunale di Bologna ad una multa di 600 euro. L'opinionista aveva definito, "una costruzione diabolica da una mente malata" la direzione di gara di Reggina-Juventus del 23 febbraio 2008 (finita 2-1 per i calabresi, con rigore decisivo trasformato al 48' del secondo tempo). Il giudice Maria Laura Benini lo ha anche condannato al risarcimento (da fissarsi in giudizio civile), stabilendo una provvisionale immediatamente esecutiva di 8.000 euro; dovrà anche sostenere le spese della parte civile, stabilite in 1.600 euro.

Conclusioni

In queste pagine ho riferito di sentenze, di regole non rispettate, di Tribunale, di Cassazione. Cause che in taluni casi si sono protratte negli anni lasciando inevitabilmente scontenta una delle due parti. C'è sempre stato un vincitore o un perdente.

E' allora il caso di ribadire ancora una volta la validità della Mediazione Civile, che consente non solo di evitare perdita di tempo, stress, spreco di soldi per demandare ad un giudice di decidere del proprio destino, ma fa sì che le parti stesse siano le artefici del proprio destino con l'aiuto di un terzo imparziale.

E se poi questo terzo imparziale in materia di diffamazione è un Mediatore anche esperto – come il caso di un iscritto all'Ordine dei Giornalisti – in questioni relative all'informazione e alla deontologia professionale giornalistica ben venga.

* * *

Fonti: Il Giornale – Corriere del Mezzogiorno – Il Resto del Carlino – Ansa – siti Internet: Llaleggepertutti.it - Telestense.it

L'AUTRICE

 **Fosca Colli**, Giornalista di Roma iscritta all'Ordine dal 1985, è Mediatore Professionista Civile e Commerciale dal 2011. Presidente dell'Associazione Professionale Mediatori Civili (A.P.M.C.). E' accreditata presso Organismi di Mediazione operanti in tutta Italia. Durante la propria attività professionale ha affrontato e aiutato a risolvere varie questioni laddove vi fossero conflitti in essere tra parti diverse in un ventaglio di contenziosi sorti sia tra privati, sia nel rapporto tra dipendenti siano stati questi di Ente Privato sia di Ente Pubblico.

Autrice del volume *"La Mediazione Civile in Italia – Il percorso normativo"* (Luglio 2012); per l'*Antologia della Mediazione Civile* ha scritto: *"La diffusione della Cultura della Mediazione Civile"* (vol. I, settembre 2012); *"Liti condominiali, l'importanza della Mediazione Civile"* (vol. II, dicembre 2012). Si dedica attivamente alla diffusione della Cultura della Mediazione Civile, anche con Seminari specifici. Esperta anche in campo della Mediazione on-line: nel febbraio/marzo 2012 ha tra l'altro preso parte al Virtual Mediation Lab, Laboratorio virtuale di Mediazione, Progetto pilota della Association for Conflict Resolution - Hawaii Chapter di Honolulu. Ha partecipato a convegni sulla risoluzione dei conflitti, tra i quali, nel giugno 2012: *"Il Futuro del Diritto - Tra tagli e necessità di favorire la cultura della conciliazione soprattutto in ambito condominiale"* (presso la Camera dei Deputati) nonché quello su *"La Mediazione Civile: una sfida da vincere nell'era della globalizzazione e di Internet"* (organizzato presso la Regione Lazio). Il sito Internet è www.mediatorecivile.altervista.org; asso.mediatori.civili@virgilio.it - foscacolli@hotmail.com

Wanda Montanelli

Mediatore Civile Professionista
Giornalista - Massmediologa (*)

* * *

Mediazione Civile, perché gli avvocati non ci credono

* * *

Le vittorie tardive sono sconfitte

Lo snellimento delle cause sembra in Italia un obiettivo impossibile da raggiungere. L'ordinamento legislativo non perviene allo scopo di accorciare i tempi. Le leggi sono troppe, spesso contraddittorie e talvolta appaiono create a bella posta per allungare l'iter che conduce alla fine di una causa.

I perdenti/vincenti sono sotto gli occhi di tutti. Le cause che durano otto – dieci - quindici anni sfiniscono i due soggetti contrapposti al punto tale che una volta ottenuta la sentenza definitiva la persona vincente non ha più la forze per esultare, impoverito com'è di ogni risorsa, entusiasmo, grinta, gioia della conquista. Il soggetto perdente che dopo un'infinità di anni si ritrova condannato può solo prendere atto che dovrà pagare avvocati e spese, cedere alle richieste del suo oppositore e ripiegarsi in se stesso pensando che se avesse saputo come andava a finire si sarebbe messo d'accordo con il vicino di casa o il parente a cui aveva un tempo lontanissimo mosso causa.

Invecchiati, deperiti, stremati da acquisto di bolli, code in tribunale, studi sulle strategie, appuntamenti con l'avvocato, bisticci con l'inquilino che lo incontra in ascensore e gli ricorda "Pagherai cara la veranda abusiva che ti sei costruito!" o il parente che lo chiama al telefono per chiedergli indietro il comò tardo ottocentesco che spettava a lui dato che la nonna prima di morire glielo aveva promesso in presenza di testimoni.

Anno dopo anno, mese dopo mese, le conflittualità tra i due contendenti aumentano in asperità, in accuse reciproche se non finiscono addirittura in liti vere e proprie con disturbi delle quiete pubblica per le urla da balcone a balcone, i dispetti con varie modalità di ingegnose ripicche dato che agli italiani le fantasie messe in atto per colpire il coinquilino odioso ed odiato non mancano: si va da panni alla candeggina sgocciolanti sulla gonna a colori stesa sul filo della casa sottostante all'attak infilato nel buco della serratura della porta d'ingresso della casa al piano di sopra; dalle porte sbattute in faccia al passaggio degli avversari alla musica ad alto volume messa durante il sonno del "nemico" che invece reclama il diritto al sonno durante le ore diurne poiché il suo lavoro lo porta a fare dei turni di notte.

I danni causati per ripicca

Che può accadere alla signora che si ritrova la gonna elegante da sera macchiata di varecchina e al malcapitato inquilino che tornato la sera stanco non riesce ad infilare la chiave nella toppa? Prima di accorgersi che qualcuno gli ha messo la colla istantanea nella serratura impreca provando e riprovando fino a quando capisce che non è lui ad aver sbagliato chiave, ma è la serratura ad essere stata "chiusa" dal rancoroso vicino di casa. La prima andrà con la gonna in mano a bussare alla porta del piano di sopra, chiederà il rimborso del costo della gonna, esigerà le scuse, e nel migliore dei casi vedrà di fronte a sé la faccia soddisfatta del coinquilino che la candeggina l'ha messa a bella posta nell'acqua di sgocciolamento; che non solo le dirà di non aver alcuna intenzione di pagare il danno, ma approfitterà dell'incontro in pianerottolo per ricordarle che la causa la vincerà lui e se non la vincerà in prima istanza andrà in appello, e poi avanti e avanti fino a riprendersi quello che gli spetta.

Il secondo non potrà che chiamare un fabbro nottetempo per fargli cambiare la serratura e una volta entrato in casa prenderà le carte dell'avvocato e si recherà presso il vicino posto di polizia per denunciare l'accaduto intenzionato a fare nome e cognome del coinquilino criminale.

Ma la prima doccia fredda gli arriverà dalle parole dell'agente di turno al posto di polizia che lo metterà sull'avviso vista la possibilità di prendersi una bella denuncia per diffamazione se insiste a fare nome e cognome del suo contrapposto in aule civili in Tribunale. "Una cosa è la causa civile – gli dirà il brigadiere – un'altra cosa è l'azione penale". Sicché il povero inquilino stanco opterà per una "denuncia" contro ignoti, e masticando amaro deciderà di trovare il modo di fargliela pagare a "quel delinquente".

Deontologia del legale

Possiamo dire che in queste situazioni gli avvocati sguazzano come le rane nello stagno? Non tutti, non sempre. Gli avvocati hanno diverse modalità di gestione dei conflitti. Il professionista saggio e serio prende atto dell'azione vandalica, cerca di stemperare i toni, consiglia di non acuire le ostilità, e mette in atto le azioni legali non tralasciando un tentativo di ricondurre a modalità urbane di comportamento il teppista condominiale, attraverso una telefonata al collega che tutela la controparte per invitarlo a parlare con il suo assistito e chiedergli di comportarsi in maniera adeguata. Di contro c'è chi invece chi insuffla sul fuoco promettendo vendette legali, risarcimenti milionari e chiedendo ulteriori acconti per iniziare un nuovo percorso penale parallelo al primo che purtroppo è riguardante solo la veranda abusiva, ma poiché il tal dei tali è andato oltre, bisogna impostare un procedimento nuovo in sede penale che dovrà essere supportato da perizie, indagini, e condiviso con il collega penalista per meglio adeguare l'intervento legale alle competenze di ognuno.

L'assistito staccherà un nuovo assegno pregustando il giorno in cui il giudice togato farà la sentenza con "vittoria di spese", possibilità di costituirsi parte civile per tutti i componenti della famiglia che erano rimasti al freddo sulle scale tra gli spifferi e il maleodore di cavolo bollito della signora del piano terra che un giorno sì e uno no cuoce broccoli. Sì, verrà il momento della vendetta! Altro che Attak! Lui gliela farà pagare cara al disgraziato che gli sta amareggiando la vita.

Quindici anni dopo, vittorie di Pirro

Se facciamo un salto temporale e ci ritroviamo di colpo nel giorno in cui il contenzioso legale ha termine, le cose sono molto diverse dalla raffigurazione esaltante che il "l'attore" promotore della causa si è dato. Dopo quindici - vent'anni se i due contendenti sono ancora vivi, può capitare che ricevendo la telefonata del legale che gli annuncia: "Abbiamo vinto la causa!" lui avverta un brivido di soddisfazione che subito dopo si smorza come un fiammifero bagnato perché il pover'uomo chiederà a se stesso: "Ho vinto? Cosa ho vinto?" Non rammentando più bene, a distanza di tanto tempo perché aveva mosso causa, o addirittura domandandosi in una momentanea smemoratezza: "Mi hanno fatto causa o l'ho fatta io a loro?".

Vittorie di Pirro, quindi, o sconfitte-waterloo palesate con una tale pena da sommare alle incipienti cause di tristezza senile dell'assistito, che magari ha iniziato la causa a poco più di sessant'anni quand'era ancora vigoroso e la perde in prossimità di finire la sua vita, con un cumulo di soldi da pagare tra parcelle del suo avvocato, spese legali della controparte, danni, ripristini dello status quo ante, ecc.

Osservando invece chi ha vinto non è poi che il quadro si tinga di colori vivaci. Vincere quando serve è una vittoria, vincere quando il comò che ti spettava di diritto può essere al massimo trasformato in lussuosa cassa funebre è una pseudo vittoria con l'amaro in bocca e il fastidio dei tarli ormai alloggiati nel cassettone in colonie irriducibili; tanto che spostare il mobile decorato può rappresentare l'ultima beffa poiché il comò nel trasporto potrebbe sbriciolarsi come biscotto e lasciare il vittorioso erede del prezioso bene di famiglia con un pugno di... segatura e qualche pezzetto di intarsio in ricordo dell'antico benessere

* * *

I vantaggi della Mediazione Civile

La domanda più comune per ch
i si appresta ad iniziare una causa è: *"Perché, se sono sicuro di avere ragione, devo passare attraverso la mediazione?"*
La risposta facile da dire è che la mediazione conviene a tutti. Conviene perché si risparmia tempo e denaro, conviene perché migliora la qualità della nostra vita togliendoci di mezzo i fastidi, i patemi d'animo, le ritorsioni, i pensieri negativi, e soprattutto conviene perché addivenire ad un accordo fa sì che si abbia subito in mano il bene conteso, l'agevolazione richiesta, il permesso agognato, l'importo in denaro desiderato. Ma fare l'accordo non darà mai il cento per cento dell'importo previsto o dell'oggetto sollecitato, potrà osservare chi è avvezzo a fare mediazioni tra parti che vogliono tutti e due la stessa cosa, o pretendono la cifra ritenuta adeguata a ristoro dell'affronto subito, dello sgarbo sopportato e del raggiro perpetrato ai propri danni. Si può dire che i proverbi popolari in questo caso servono a rendere l'idea, e se non si va a rammentare il detto contadino "meglio l'uovo oggi che la gallina a domani" che sarebbe riduttivo, rurale e troppo semplicistico, si può trovare idoneo aforisma in quello che rammenta: "La metà di qualcosa è meglio del totale di niente". Non male se si tiene conto che nelle tecniche di mediazione è necessario osservare quanto la parte emotiva comporti l'accettazione o la negazione della trattativa. Tra i vantaggi da far presente alle parti c'è l'indiscusso tempo "nostro" di cui ci riappropriamo concludendo la mediazione. Vogliamo meglio spiegare che

talvolta chiudendo un contenzioso ci si riconcilia con la propria vita? Non è difficile comprendere che scacciando via i motivi di rancore, di frustrazione, e di malessere derivato da cattivi rapporti, specie se il contesto della lite riguarda parenti vicini o lontani, c'è un evidente guadagno che viene riconosciuto alle parti.

Il Mediatore, un estraneo da respingere?

In che termini? Chi decide? Perché gli altri devono introdursi in faccende che non li riguardano?
Far capire a chi fa questo tipo di obiezioni che nessuno si introduce forzosamente in questioni altrui, ma che sono le parti a decidere il loro destino parlando con il mediatore ed esternando i loro desideri, i motivi del contrasto, soprattutto le offerte "fuori" dal contenzioso che potrebbero essere oggetto di accordo. Sappiamo quanto aiuti la riconciliazione il riconoscere parole di stima o di comprensione in versanti stimabili della personalità di ognuno, oppure trovare il coraggio di esternare desideri reconditi che non si direbbero talvolta per non apparire puerili, o troppo orgogliosi, o venali.
Al mediatore nella fase "privata" si può dire per esempio che piuttosto del risarcimento del danno si preferisce avere un'offerta di lavoro, o di collaborazione professionale con la società con cui si è entrati in contenzioso; come si può far presente che più che l'anello con turchese tra i gioielli condivisi si apprezzerebbero scuse ufficiali pubbliche in presenza di tutti i parenti. Questo è l'ampliamento del

terreno che comprende la zona delle parti in mediazione. Sarà abilità del mediatore professionista ascoltare con attenzione fino a captare cose non dette e opzioni inespresse che ben chiarite restituiscano opportunità e gratificanti risultati.

La decisione
è nella disponibilità delle parti

Questo scandagliare il possibile spazio delle offerte, e riuscire a metterle sul tavolo, permette di ottenere un risultato condiviso tra le parti, che sanno bene cosa vogliono; sanno fino a che punto sono pronte ad esigere e a che cosa possono rinunciare. Mentre in un giudizio ordinario l'esito della causa non è nelle disponibilità delle parti ed il Giudice potrebbe dare una sentenza che non accontenta appieno né l'uno né l'altro. Senza contare che anche in caso di vittoria, la sentenze, avuta dopo molti anni, potrebbe essere non eseguibile per ragioni di tempo o addirittura ridimensionata per mancata disponibilità economica della controparte che nel frattempo potrebbe non avere più l'importo conteso o l'oggetto desiderato.
Con la mediazione si riducono i tempi i costi e si può entrare subito nella disponibilità delle cose alla base dell'accordo.

* * *

Gli avvocati che non ci credono

Questione di legittimità costituzionale del d.lgs 28/2010

Tante sono state le proteste degli avvocati, soprattutto in concomitanza con la data in cui la Corte Costituzionale doveva pronunciarsi in merito all'obbligatorietà del tentativo di mediazione, previsto per alcune materie dal d.lgs 28/2010.

Il presidente dell'ordine degli avvocati di Firenze, avv. Sergio Paparo, ha così commentato la scelta del Consiglio di scioperare proprio il 23 ottobre 2012: *"Il Consiglio pur condividendo le motivazioni delle iniziative di protesta, tuttavia esprime perplessità per la scelta della data dell'astensione dalle udienze e della manifestazione che, coincidendo con l'udienza innanzi alla Corte Costituzionale per la discussione del giudizio di legittimità della disciplina introdotta dal Decreto Legislativo n. 28/2010, potrebbe essere interpretata come tentativo non legittimo di interferenza e pressione nei confronti della Corte Costituzionale, con grave lesione del principio di legalità e dei valori costituzionali del nostro ordinamento giuridico dei quali l'Avvocatura, in ogni sua componente, deve essere sempre rispettosa e garante"*. (Info: Sito Int. Ordine degli avv. Di Firenze)

Tuttavia migliaia di avvocati, alcuni con tanto di toga, piuttosto infuriati contro il decreto del ministro Paola Severino hanno organizzato in quella data un corteo che partito da piazza Esedra è terminato in a piazza Santi Apostoli dove si è data voce alla protesta con il comizio finale. La mediazione come obbligatorio filtro al ricorso in appello è ciò che gli avvocati non hanno accettato. Non è piaciuta la riforma Severino e per dimostrarlo i manifestanti avevano una fascia tricolore al braccio che riportava l'articolo 24 della costituzione: "Tutti possono agire in giudizio per la tutela dei propri diritti....". Poi ad imitazione delle manifestazioni calcistiche dei tifosi accaniti un gruppetto di avvocati portano una bara di cartone con scritto "La giustizia è morta".

Tanti slogan ripetono "Non siamo una casta" , "Socio di capitali = avv. Gomorra", e si appellano al diritto alla giustizia "vera" dei Tribunali che le riforme Severino impediscono.

Si protesta anche vivacemente contro la chiusura delle aule di giustizia nelle zone dove impera la criminalità organizzata: Casoria, S.Maria di Capua Vetere, Ischia che per esempio ha 65mila abitanti che per andare in tribunale devono prendere il traghetto e poi un treno fino a Marano.

Gli avvocati contestano anche la dequalificazione della professione per la possibilità di divenire soci di uno studio notarile senza essere avvocati purché si abbiano i soldi.

* * *

Proteste in piazza
contro la mediazione obbligatoria

(Roma, 23 ottobre 2012)

Ma c'è chi tra gli avvocati
è a favore della mediazione

I corsi per mediatori professionisti sono frequentati da numerosi avvocati che appartengono al gruppo di coloro che considerano la nuova legge un'opportunità ed un'occasione di ampliamento dell'assistenza legale.
L'avvocato Lorenza Morello per esempio, presidente nazionale Avvocati Per La Mediazione dichiara alle

agenzie stampa in attesa della decisione dei Giudici di legittimità: *"Ho l'impressione che non sia così utile né serio continuare a fare questa inutile bagarre prima della lettura delle motivazioni della Consulta. E mi rivolgo a entrambe le parti, ciascuno si assuma le proprie responsabilità (APM, 15.11.2012). E prosegue "Invece di protestare, gli avvocati inizino a collaborare ... Ciò detto - prosegue Morello- l'unica via è davvero l'obbligatorietà della Mediazione?"* La domanda che molti si pongono trova risposte positive dalla stessa Presidente che aggiunge: *"Ebbene, il tentativo obbligatorio più che un pugno allo stomaco è una previsione di agevolazione e non di irrigidimento del sistema giustizia in quanto fornisce una risposta diversa e di grande impatto per la definizione di una disputa. Ed è anche una salutare e opportuna tirata di orecchie a tutti quei professionisti che hanno a cuore una visione accentratrice e non responsabile e sociale dell'amministrazione della giustizia. Ciò detto, è bene che la mediazione non passi solo come un istituto valido solo se obbligatoriamente previsto."*(APM, 15 novembre 2012)

Altri avvocati sono convinti dei vantaggi della categoria nella formula della mediazione. A questo proposito si rimanda al testo di Daniele Chibbaro "Il ruolo dell'avvocato in mediazione" (Antologia della Mediazione Civile - VOLUME 1- Amazon 2012)

* * *

La Mediazione è incostituzionale!
Sentenza della Consulta

La Corte costituzionale il 24 ottobre 2012 ha dichiarato la illegittimità costituzionale, per eccesso di delega legislativa, del decreto legislativo 4 marzo 2010, n.28, nella parte in cui ha previsto il carattere obbligatorio della mediazione. Cade così uno dei pilastri della riforma della giustizia, la via attraverso la quale il governo puntava a ridurre il carico soprattutto dei processi civili.

Mediazione. Sentenza Corte Costituzionale n.272/2012

Disciplina della mediazione finalizzata alla conciliazione delle controversie civili e commerciali – Le motivazioni della Consulta

SENTENZA N. 272
ANNO 2012
REPUBBLICA ITALIANA
IN NOME DEL POPOLO ITALIANO

LA CORTE COSTITUZIONALE
composta dai signori: Presidente: Alfonso QUARANTA; Giudici : Franco GALLO, Luigi MAZZELLA, Gaetano SILVESTRI, Sabino CASSESE, Giuseppe TESAURO, Paolo Maria NAPOLITANO, Giuseppe FRIGO, Alessandro CRISCUOLO, Paolo GROSSI, Giorgio LATTANZI, Aldo CAROSI, Marta CARTABIA, Sergio MATTARELLA, Mario Rosario MORELLI,
(Testo parte finale)

riuniti i giudizi;
1) dichiara l'illegittimità costituzionale dell'articolo 5, comma 1, del decreto legislativo 4 marzo 2010, n. 28 (Attuazione

dell'articolo 60 della legge 18 giugno 2009, n. 69, in materia di
mediazione finalizzata alla conciliazione delle controversie civili e
commerciali);

2) dichiara, in via consequenziale, ai sensi dell'art. 27 della legge
11 marzo 1953, n. 87 (Norme sulla costituzione e sul
funzionamento della Corte costituzionale), l'illegittimità
costituzionale: a) dell'art. 4, comma 3, del decreto legislativo n.
28 del 2010, limitatamente al secondo periodo («L'avvocato
informa altresì l'assistito dei casi in cui l'esperimento del
procedimento di mediazione è condizione di procedibilità della
domanda giudiziale») e al sesto periodo, limitatamente alla frase
«se non provvede ai sensi dell'articolo 5, comma 1»; b) dell'art. 5,
comma 2, primo periodo, del detto decreto legislativo,
limitatamente alle parole «Fermo quanto previsto dal comma 1
e», c) dell'art. 5, comma 4, del detto decreto legislativo,
limitatamente alle parole «I commi 1 e»; d) dell'art. 5, comma 5
del detto decreto legislativo, limitatamente alle parole «Fermo
quanto previsto dal comma 1 e»; e) dell'art. 6, comma 2, del
detto decreto legislativo, limitatamente alla frase «e, anche nei
casi in cui il giudice dispone il rinvio della causa ai sensi del
quarto o del quinto periodo del comma 1 dell'articolo cinque,»; f)
dell'art. 7 del detto decreto legislativo, limitatamente alla frase
«e il periodo del rinvio disposto dal giudice ai sensi dell'art. 5,
comma 1»; g) dello stesso articolo 7 nella parte in cui usa il verbo
«computano» anziché «computa»; h) dell'art. 8, comma 5, del
detto decreto legislativo; i) dell'art. 11, comma 1, del detto
decreto legislativo, limitatamente al periodo «Prima della
formulazione della proposta, il mediatore informa le parti delle
possibili conseguenze di cui all'art. 13»; l) dell'intero art. 13 del
detto decreto legislativo, escluso il periodo «resta ferma
l'applicabilità degli articoli 92 e 96 del codice di procedura civile»;
m) dell'art. 17, comma 4, lettera d), del detto decreto legislativo;
n) dell'art. 17, comma 5, del detto decreto legislativo; o), dell'art.
24 del detto decreto legislativo;

3) dichiara inammissibile la questione di legittimità costituzionale
dell'art. 5 del decreto legislativo n. 28 del 2010 e dell'art. 16 del

decreto ministeriale adottato dal Ministro della giustizia, di concerto col Ministro dello sviluppo economico, in data 18 ottobre 2010, n. 180,

come modificato dal decreto ministeriale 6 luglio 2011, n. 145 (Regolamento recante la determinazione dei criteri e delle modalità di iscrizione e tenuta del registro degli organismi di mediazione e dell'elenco dei formatori per la mediazione, nonché l'approvazione delle indennità spettanti agli organismi, ai sensi dell'articolo 16 del decreto legislativo 4 marzo 2010, n. 28), «da soli ed anche in combinato disposto», sollevata dal Giudice di pace di Recco, in riferimento agli articoli 3, 24 e 111 Cost., con l'ordinanza indicata in epigrafe.

Così deciso in Roma, nella sede della Corte costituzionale, Palazzo della Consulta, il 24 ottobre 2012.

F.to:

Alfonso QUARANTA, Presidente

Alessandro CRISCUOLO, Redattore

Gabriella MELATTI, Cancelliere

Depositata in Cancelleria il 6 dicembre 2012.

Il Direttore della Cancelleria

F.to: Gabriella MELATTI

Allegato:

ordinanza letta all'udienza del 23 ottobre 2012

ORDINANZA

VISTI *gli atti relativi al giudizio di legittimità costituzionale introdotto con ordinanza del Tribunale amministrativo regionale per il Lazio (TAR) depositata il 12 aprile 2011 (n. 268 Reg. ordinanze 2011);*

VISTI *gli atti relativi al giudizio di legittimità costituzionale introdotto con ordinanza del Tribunale di Genova depositata il 18 novembre 2011 (n. 108 Reg. ordinanze 2012);*

RILEVATO *che nel primo dei detti giudizi di legittimità costituzionale (R. O. n. 268 del 2011) sono intervenuti: il Consiglio dell'Ordine degli Avvocati di Milano; la Società Italiana Conciliazione Mediazione e Arbitrato (SIC&A), s. r. l.; l'Associazione Nazionale Mediatori e Conciliatori; l'Unioncamere – Unione Italiana delle Camere di commercio, industria, artigianato e agricoltura; la Camera di commercio di Cagliari; la Camera di commercio di Firenze; la Camera di commercio di Milano; la Camera di commercio di Palermo; la Camera di commercio di Potenza; la Camera di commercio di Roma; la Camera di commercio di Torino; la Camera di commercio di Venezia; ASSOMEDIAZIONE – Associazione italiana organismi Privati di Mediazione e di Formazione per la Mediazione;*

che nel secondo dei detti giudizi di legittimità costituzionale (R. O. n. 108 del 2012) è intervenuto, con atto depositato il 26 giugno 2012, il Consiglio Nazionale Forense;

che i soggetti e gli enti sopra indicati non sono stati parti nei giudizi **A QUIBUS**; *che, per costante giurisprudenza di questa Corte, sono ammessi a intervenire nel giudizio incidentale di legittimità costituzionale (oltre al Presidente del Consiglio dei Ministri e, nel caso di legge regionale, al Presidente della Giunta regionale), le sole parti del giudizio principale, mentre l'intervento di soggetti estranei a questo è ammissibile soltanto per i terzi titolari di un interesse qualificato, inerente in modo diretto ed immediato al rapporto sostanziale dedotto in giudizio e non semplicemente regolato, al pari di ogni altro, dalla norma o dalle norme oggetto di censura (***EX PLURIMIS:*** *ordinanza letta all'udienza del 23 marzo 2010, confermata con sentenza n. 138 del 2010; ordinanza letta all'udienza del 31 marzo 2009, confermata con sentenza n. 151 del 2009; sentenze n. 94 del 2009, n. 96 del 2008, n. 245 del 2007); che, nei giudizi da cui traggono origine le questioni di legittimità costituzionale in discussione, i rapporti sostanziali dedotti in causa concernono profili attinenti alla mediazione nel processo civile, che possono anche riguardare interessi professionali della classe forense o delle Camere di commercio, ma concernono più in generale le* *posizioni che le parti intendono azionare nel processo e non mettono in gioco le prerogative del Consiglio Nazionale Forense, dei Consigli dell'Ordine degli Avvocati o delle dette Camere di commercio, nonché, a maggior ragione, degli altri soggetti sopra indicati;*

che l'ammissibilità d'interventi ad opera di terzi, titolari di interessi soltanto analoghi a quelli dedotti nel giudizio principale, contrasterebbe con il carattere incidentale del giudizio di

legittimità costituzionale, in quanto l'accesso delle parti al detto giudizio avverrebbe senza la previa verifica della rilevanza e della non manifesta infondatezza della questione da parte del giudice A QUO;

che, pertanto, gli interventi spiegati nei giudizi di legittimità costituzionale sopra indicati dai soggetti di cui in motivazione devono essere dichiarati inammissibili.

per questi motivi

LA CORTE COSTITUZIONALE

DICHIARA *inammissibili gli interventi spiegati dai soggetti di cui in motivazione nei giudizi di legittimità costituzionale R. O. n. 268 del 2011 e n. 108 del 2012.*

F.to: Alfonso Quaranta, Presidente

* * *

Il codice di deontologia forense

Tra i motivi che inducono gli avvocati ad essere distanti e scettici nei confronti della Mediazione c'è la volontà di restare impegnati nella controversia in tribunale che pienamente nella loro potestà di intervento dà loro un duplice vantaggio: la gestione autonoma e il guadagno non condiviso con altri soggetti, considerati tra l'altro inferiori quanto a competenze in tema di leggi e codici.

Il codice deontologico degli avvocati che di fatto limita il campo degli interventi, permette che tra il possibile assistito e la soluzione della controversia si introduca la figura del Mediatore, quasi un terzo incomodo nel rapporto di fiducia tra legale ed assistito.

Con la circolare CNF 24-C-2011, il presidente Guido Alpa ha comunicato ai Presidenti dei Consigli dell'Ordine degli Avvocati le modifiche che il Consiglio Nazionale Forense, il 15 luglio 2011, ha apportato al Codice deontologico, a seguito dell'entrata in vigore della nuova disciplina della mediazione-. Le novità sono nell'art. 55 bis e nelle modifiche agli articoli 16 e 54.

Le nuove norme tracciano una linea di demarcazione tra il tradizionale ruolo dell'avvocato e le funzioni di avvocato – mediatore. Gli avvocati infatti sono stati tra i professionisti che maggiormente hanno svolto il ruolo di mediatore e questo potrebbe essere uno dei motivi che li portano a volere uno sbarramento allo spazio concesso a mediatori professionisti- non avvocati

Il CNF ravvisa nel procedimento di mediazione la piena valenza delle *attuali regole deontologiche proprie dell'attività professionale in genere"*. L'unica novità è l'integrazione di cui all'art. 54, che attribuisce rilievo, ai fini deontologici, ai rapporti professionali, oltreché con arbitri e consulenti tecnici, anche con mediatori/conciliatori, che devono essere ispirati a *"correttezza e lealtà nel rispetto delle reciproche funzioni"*.

Riguardo agli obblighi di informazione nei confronti dell'assistito circa la possibilità di avvalersi del procedimento di mediazione, ai sensi dell'art.4, comma 3, del D.Lgs.vo 4 marzo 2010 n. 28, inoltre, la Relazione alle modifiche *"non esclude che il comportamento totalmente o parzialmente omissivo dell'avvocato, rispetto alla previsione del modello 3 normativo, possa ed anzi debba essere valutata sul piano deontologico, con particolare riferimento ai canoni di cui all'art. 40 del vigente codice"*.

L'art.16 ha altresì subìto delle importanti modifiche allo scopo di evitare possibili equivoci. L'originaria formulazione dell'art. 16, canone I, stabiliva che *"L'avvocato non deve porre in essere attività commerciale o di mediazione"*. IL CNF, pertanto, ha modificato il precedente testo con la seguente norma *"L'avvocato non* deve porre in essere attività commerciale o comunque attività incompatibile con i doveri di indipendenza e di decoro della professione forense".

Le novità più importanti, tuttavia, riguardano l'introduzione dell'art. 55 *bis*: "*L'avvocato che svolga la funzione di mediatore deve rispettare gli obblighi dettati dalla normativa in materia e le previsioni del regolamento dell'organismo di mediazione, nei limiti in cui dette previsioni non contrastino con quelle del presente codice*".

Tale disposizione onera il singolo avvocato – mediatore ad un difficile giudizio sulla conformità del regolamento dell'organismo di mediazione alle indicazioni del codice deontologico.

Il **primo canone** dell'art.55 *bis* stabilisce che "*L'avvocato non deve assumere la funzione di mediatore in difetto di adeguata competenza*".

I punti maggiormente critici, tuttavia, sembrano essere quelli concernenti gli obblighi di imparzialità, indipendenza e terzietà dell'avvocato/mediatore civile, disciplinati dai canoni II e III dell'art. 55 *bis*.

In particolare, il **secondo canone** stabilisce che "*Non può assumere la funzione di mediatore l'avvocato:*

a) che abbia in corso o abbia avuto negli ultimi due anni rapporti professionali con una delle parti;

b) quando una delle parti sia assistita <u>o sia stata assistita negli ultimi due anni da professionista di lui socio o con lui associato ovvero che eserciti negli stessi locali</u>.

In ogni caso costituisce condizione ostativa all'assunzione dell'incarico di mediatore la ricorrenza di una delle ipotesi di cui all'art.815, primo comma, del codice di procedura civile".

Il **terzo canone**, quindi, prevede che *"L'avvocato che ha svolto l'incarico di mediatore non può intrattenere rapporti professionali con una delle parti:*

a) se non siano decorsi almeno due anni dalla definizione del procedimento;

b) se l'oggetto dell'attività non sia diverso da quello del procedimento stesso.

Il divieto si estende ai professionisti soci, associati ovvero che esercitino negli stessi locali".

Il **canone IV**, infine, prevede che *"è fatto divieto all'avvocato consentire che l'organismo di mediazione abbia sede, a qualsiasi titolo, presso il suo studio o che quest'ultimo abbia sede presso l'organismo di mediazione"*.

Quest'ultima parte del codice è condivisibile, perché può risultare di facile comprensione il divieto di operare in un medesimo spazio. Tra studio e sede dell'organismo si potrebbe ipotizzare una commistione di interessi ed il divieto tutela sia i soggetti che fruiscono della mediazione, sia i loro avvocati. La terzietà dei mediatori, la divisione degli spazi tra l'organismo di mediazione e gi avvocati evitano rendite di posizione, e sconfinamenti che metterebbero a dura prova la chiarezza dei compiti e dei ruoli tra le parti e le tutele legali.

Codice deontologico Europeo del Mediatore

Codice di condotta redatto da un gruppo di esperti con l'assistenza della Commissione europea e presentato a Bruxelles il 2 luglio 2004.
Ulteriori informazioni sull'agenda dei lavori e sul nominativo degli esperti sono disponibili sul sito della Commissione europea

1. COMPETENZA, NOMINA E ONORARI DEI MEDIATORI E PROMOZIONE DEI LORO SERVIZI

1.1. Competenza I mediatori devono essere competenti e conoscere a fondo il procedimento di mediazione. Elementi rilevanti comprendono una formazione adeguata e un continuo aggiornamento della propria istruzione e pratica nelle capacità di mediazione, avuto riguardo alle norme pertinenti e ai sistemi di accesso alla professione.

1.2. Nomina Il mediatore deve consultarsi con le parti riguardo alle date in cui la mediazione potrà aver luogo. Prima di accettare l'incarico, il mediatore deve verificare di essere dotato della preparazione e competenza necessarie a condurre la mediazione del caso proposto e, su richiesta, dovrà fornire alle parti informazioni in merito.

1.3. Onorari Ove non sia stato già previsto, il mediatore deve sempre fornire alle parti informazioni complete sulle modalità di remunerazione che intende applicare. Il mediatore non dovrà accettare una mediazione prima che le condizioni della propria remunerazione siano state approvate da tutte le parti interessate.

1.4. Promozione dei servizi del mediatore I mediatori possono promuovere la propria attività, purché in modo professionale, veritiero e dignitoso.

2. INDIPENDENZA ED IMPARZIALITÀ

2.1. Indipendenza Qualora esistano circostanze che possano (o possano sembrare) intaccare l'indipendenza del mediatore o determinare un conflitto di interessi, il mediatore deve informarne le parti prima di agire o di proseguire la propria opera. Le suddette circostanze includono: – qualsiasi relazione di tipo personale o professionale con una delle parti; – qualsiasi interesse di tipo economico o di altro genere, diretto o indiretto, in relazione all'esito della mediazione; – il fatto che il mediatore, o un membro della sua organizzazione, abbia agito in qualità diversa da quella di mediatore per una o più parti. In tali casi il mediatore può accettare l'incarico o proseguire la mediazione solo se sia certo di poter condurre la mediazione con piena indipendenza, assicurando piena imparzialità, e con il consenso espresso delle parti. Il dovere di informazione costituisce un obbligo che persiste per tutta la durata del procedimento. 2.2. Imparzialità Il mediatore deve in ogni momento agire nei confronti delle parti in modo imparziale, cercando altresì di apparire come tale, e deve impegnarsi ad assistere equamente tutte le parti nel procedimento di mediazione.

3. L'ACCORDO, IL PROCEDIMENTO E LA RISOLUZIONE DELLA CONTROVERSIA

3.1. Procedura Il mediatore deve sincerarsi che le parti coinvolte nella mediazione comprendano le caratteristiche del procedimento di mediazione e il ruolo del mediatore e delle parti nell'ambito dello stesso. Il mediatore deve, in particolare, fare in modo che prima dell'avvio della mediazione le parti abbiano compreso ed espressamente accettato i termini e le condizioni dell'accordo di mediazione, incluse le disposizioni applicabili in tema di obblighi di riservatezza in capo al mediatore e alle parti. Su richiesta delle parti, l'accordo di mediazione può essere redatto per iscritto. Il mediatore deve condurre il procedimento in modo appropriato, tenendo conto delle circostanze del caso, inclusi possibili squilibri nei rapporti di forza, eventuali desideri espressi dalle parti e particolari disposizioni normative, nonché l'esigenza di una rapida risoluzione della controversia. Le parti possono concordare con il mediatore il modo in cui la mediazione dovrà essere condotta, con riferimento a un insieme di regole o altrimenti. Se lo reputa opportuno, il mediatore può ascoltare le parti separatamente.

3.2. Correttezza del procedimento Il mediatore deve assicurarsi che tutte le parti possano intervenire adeguatamente nel procedimento. Il mediatore deve informare le parti, e può porre fine alla mediazione, nel caso in cui: – sia raggiunto un accordo che al mediatore appaia non azionabile o illegale, avuto riguardo alle circostanze del caso e alla competenza del mediatore per raggiungere tale valutazione; o – il mediatore concluda che la prosecuzione della mediazione difficilmente condurrà a una risoluzione della controversia.

3.3. Fine del procedimento Il mediatore deve adottare tutte le misure appropriate affinché l'eventuale accordo raggiunto tra le parti si fondi su un consenso informato e tutte le parti ne comprendano i termini. Le parti possono ritirarsi dalla mediazione in qualsiasi momento senza fornire alcuna giustificazione. Il mediatore deve, su richiesta delle parti e nei limiti della propria competenza, informare le parti delle modalità in cui le stesse possono formalizzare l'accordo e delle possibilità di rendere l'accordo esecutivo.

4. RISERVATEZZA

Il mediatore deve mantenere la riservatezza su tutte le informazioni derivanti dalla mediazione o relative ad essa, compresa la circostanza che la mediazione è in corso o si è svolta, ad eccezione dei casi in cui sia obbligato dalla legge o da ragioni di ordine pubblico. Qualsiasi informazione riservata comunicata al mediatore da una delle parti non dovrà essere rivelata all'altra senza il consenso della parte o a meno che ciò sia imposto dalla legge.

Un ruolo non marginale quello dell'avvocato di parte in mediazione

Tra i motivi di resistenze dell'avvocatura vi è il rischio di non essere chiamato a partecipare alla mediazione. La normativa sulla mediazione non ha previsto infatti l'obbligo di difesa tecnica. Tuttavia preesistendo un rapporto fiduciario con il proprio assistito deve osservarsi come il legale possa svolgere un ruolo, se non centrale, decisivo per la mediazione nell'interesse del suo cliente. Deve, infatti, prima dell'incontro tra le parti preparare con accuratezza il caso, studiare la materia del contendere, elaborare la strategia. Durante la mediazione supportare il proprio assistito, partecipare alla discussione, agevolare il dialogo tra le parti e con il collega, redigere l'accordo e controllarne l'attuazione nella fase successiva.

E fondamentale che il legale entri nell'ordine di idee che la Mediazione non è necessariamente un transito verso la causa in tribunale, ma un impegno a trovare una soluzione soddisfacente per il suo cliente. Soluzione che spesso travalica le questioni di principio e raggiunge il cuore del problema con accordi, talvolta imprevedibili, delineatisi nel corso dell'incontro e nella possibilità che le parti "si parlino". Il che può avvenire proprio tramite l'intelligente apporto tecnico e fiduciario dell'avvocato che sa di dover tralasciare per un lasso di tempo utile rigidi schemi e considerazioni prettamente giuridiche.

Se l'avvocato perde la centralità del ruolo, ed è questo uno dei motivi principali della resistenza, deve aprirsi una nuova consapevolezza verso il crescere dei crediti professionali di cui tener conto. Il numero delle mediazioni andate a buon fine nella cronologia dell'attività di assistenza legale può rappresentare un investimento per il futuro ed aumentare qualitativamente e quantitativamente i rapporti di fiducia con i propri assistiti. Poiché un avvocato può essere annoverato tra i professionisti bravi a far cause (ma vincerle o perderle è comunque un'incognita), e può altrettanto essere conosciuto come un professionista di fiducia bravo ed esperto ad ottenere risultati di rilievo nel procedimento di mediazione in tutela del proprio cliente, o nell'attività, in contesti diversi, di mediazione.

L'avvocato può svolgere infatti parallelamente la professione di mediatore, seguendo il codice deontologico già descritto che prevede le modalità di espletamento delle due diverse attività. A tal proposito risulta chiarificatrice la sentenza del Tar del Lazio del 29.10.12 che si è pronunciato proprio sull'applicazione dei codici deontologici forense e del Mediatore dichiarando l'illegittimità del primo comma dell'articolo 55 bis nella parte in cui impone all'avvocato nella sua attività di mediatore di dare prevalenza alla norme del proprio codice deontologico, rispetto alle norme regolanti l'attività di mediazione , compreso il regolamento dell'Organismo di Mediazione da cui si è ricevuto l'incarico. Da ciò si evince che il mediatore, anche quando è avvocato, deve attenersi alle regole comportamentali del mediatore, far prevalere il codice deontologico di quest'ultimo ordine Professionale.

Mediazione per scelta

La Mediazione come soluzione rapida ed efficace di controversie

Il modo moderno per risolvere una controversia affidando a un terzo indipendente (il **conciliatore**) è la mediazione.
Il conciliatore non è tenuto a stabilire chi abbia torto e chi ragione. La strategia adottata dalla conciliazione si basa sullo schema del *win-win* e cioè sulla reciproca soddisfazione delle parti in gioco.
Il conciliatore è il soggetto terzo in grado di individuare i reali interessi delle parti, indirizzandole verso un accordo combinando gli interessi comuni e quelli diversi. La conciliazione è una procedura informale, a costi minimi, priva di formalità procedurali.
La procedura di conciliazione, in base al decreto legislativo n. 28 del 4 marzo 2010 consente alle imprese ed ai privati una soluzione alle controversie nell'arco dei quattro mesi successivi all'istanza di conciliazione
Le parti possono ritirarsi dalle trattative e mantenere il proprio diritto a ricorrere alla giurisdizione ordinaria.
Qualora la conciliazione riesca, c'è l'esenzione per tutti gli atti, documenti o provvedimenti del procedimento, da qualsiasi imposta, tassa o spesa o diritto. Inoltre tutte le conciliazioni entro il limite di valore 25.000 euro risultano esenti dall'imposta di registro.

Quanto costa
l'avvio della procedura

 Il decreto ministeriale 180 del 18 ottobre 2010 al capo IV, articolo 16, prevede che ciascuna delle parti versi, a titolo di spese di avvio della procedura, un importo di 40,00 euro a titolo di spese per la mediazione, e una somma stabilita in base al valore della controversia, prevista in base a una tabella.

I tempi necessari alla giustizia ordinaria per dirimere i contenziosi sono stati esaminati dalla relazione di apertura dell'anno giudiziario 2010 e il risultato è piuttosto allarmante: si va dai 977 giorni per una causa civile di cognizione ordinaria di primo grado davanti ai tribunali ai 1.213 giorni per i procedimenti esecutivi immobiliari.

* * *

L'avvocato è uomo di parte il mediatore è uomo di pace

TAR Lazio-Roma, sez. III quater
sentenza 29.10.2012 n° 8858 (Andrea Ceccobelli)

"L'avvocato è uomo di parte, il mediatore è uomo di pace".
Con questa frase contenuta nell'iter motivazionale della sentenza in oggetto, il Tar Lazio si è pronunciato sulla legittimità dell'articolo 55 bis del codice deontologico forense, introdotto a seguito delle modifiche deliberate dal Consiglio Nazionale Forense nella seduta amministrativa del 15 luglio 2011.
*In particolare il Tribunale Amministrativo citato ha pronunciato, rigettando le altre numerose censure proposte, l'annullamento del primo comma dell'articolo 55 bis , in particolare nella parte in cui prevede che l'avvocato che svolge la funzione di mediatore, deve rispettare gli obblighi dettati dalla normativa in materia e la previsione del regolamento dell'organismo di mediazione **nei limiti in cui dette previsioni non contrastino con quelle del Codice Deontologico.***
In buona sostanza, nel ricorso proposto da numerosi avvocati - mediatori , tra i vari motivi di impugnazione, si sottolineava come tale previsione del primo comma

dell'articolo 55 bis , si ponesse in contrasto con la normativa di fonte primaria in particolare l'articolo 60 della legge nr. 69 del 2009 e del d.lgs. nr. 28 del 2010. Difatti tale norma interpretata letteralmente imponeva all'avvocato – mediatore nel caso in cui ravvisava un contrasto tra la norma primaria, disciplinante l'attività di mediazione, e il proprio codice deontologico, di disapplicare la prima a favore della seconda, violando così un precetto normativo per privilegiare una norma "regolamentare" della propria categoria.

I Giudici hanno accolto in pieno tale motivo di ricorso affermando tra gli altri, principi molto importanti, sia in relazione alla collocazione nell'ambito delle fonti giuridiche del codice deontologico forense, sia in relazione alla peculiarità dell'attività di mediazione rispetto a quella di avvocato.

In primo luogo si è affermata la immediata impugnabilità delle norme del codice deontologico forense, indipendentemente da una loro violazione o meno (e dunque contestazione da parte degli Organi di disciplina al professionista ricorrente), visto che le medesime hanno portata immediatamente lesiva , "non solo perché la sanzione è conseguenza certa e ineludibile dell'inosservanza di dette regole , ma soprattutto perché l'avvocato , che è rispettoso del codice deontologico e non intende violarlo , subisce immediatamente le limitazioni imposte dal Cnf" .

In secondo luogo il Tribunale Amministrativo si sofferma a definire e ad analizzare le differenze tra la figura del mediatore e quella dell'avvocato. Si dice, infatti, come sia di palese evidenza il carattere di imparzialità che deve connotare la figura del mediatore e, quindi, la differenza che intercorre tra questa attività e quella svolta dall'avvocato. "Mentre quest'ultimo è il <professionista> che tutela gli interessi esclusivi della parte che lo ha nominato, il mediatore aiuta due parti a raggiungere un accordo amichevole o conciliativo; è neutrale non curando , a contrario dell'avvocato , gli interessi dell'una o dell'altra".

Quando queste due figure si fondono in un unico professionista sorgono non pochi problemi applicativi, di coordinamento tra le due discipline: quella forense e quella di mediatore. Pur tuttavia le prime regole applicabili sono solo quelle relative alla normativa in materia di mediazione. Difatti "il codice deontologico non ha la forza di prevalere sulle norme primarie con lo stesso contrastanti". Le norme in esso contenute hanno semplicemente natura di fonte integrativa dei precetti normativi .

Per cui alla luce di tali principio il T.A.R. Lazio ha concluso dichiarando l'illegittimità del primo comma dell'articolo 55 bis nella parte in cui impone all'avvocato nella sua attività di mediatore di dare prevalenza alla norme del proprio codice deontologico , rispetto alle norme regolanti l'attività di mediazione , compreso il regolamento dell'Organismo di Mediazione, da cui si è ricevuto l'incarico.

Del resto , giova precisare, come il regolamento dell'Organismo di Mediazione, riceva ab origine una legittimazione dall'autorizzazione fornita dal Ministero della Giustizia, all'atto dell'iscrizione dell'Organismo medesimo nell'elenco da esso tenuto, con numero progressivo autorizzativo.

In ciò il regolamento, dunque, deve essere rispettato dal mediatore, al di là di tutto, perché contiene in sé i precetti normativi imposti dalle norme vigenti in tema di mediazione, essendo prevalente non in quanto tale, ma in quanto espressione della legislazione più volte citata.

Per cui il mediatore, anche quando è avvocato, non è figura spuria , ma autonoma, con proprie regole comportamentali, già individuate nella norma genetica, che non ammette deroghe o sue elusioni da parte di regolamenti di disciplina degli Ordini Professionali.

La pronuncia in commento, dunque, non è solo importante per il principio in essa affermato , ma anche perché inizia a contribuire a quella stabilizzazione e interpretazione di una nuova figura professionale (il mediatore) che mai come oggi necessita di sostegno e riconoscimento della propria autonomia e di proprie regole di condotta. (Altalex, 13 novembre 2012. Nota di Andrea Ceccobelli).

* * *

L'AUTRICE

 Wanda Montanelli, Giornalista e Massmediologa.
Laureata in Lettere presso l'Università degli studi di Roma La Sapienza, è specializzata in
Fisiopatologia della Comunicazione Individuale e di Massa; Scienze della Comunicazione; Ipnosi Clinica e Sperimentale. Ha condotto numerose ricerche nel campo della comunicazione, tra cui "La trama invisibile" nel testo non scritto dei talk show televisivi. Le sue analisi sono dirette all'approfondimento dei Condizionamenti sociali attraverso i Mass media, I messaggi subliminali, Il linguaggio non verbale, La persuasione occulta. E' autrice della ricerca su "Ipnosi e comunicazione scenica" pubblicata dal periodico a carattere scientifico dell'Università di Roma La Sapienza "Rassegna di Psicoterapie" (1999). Per *l'Antologia della Mediazione Civile* ha già pubblicato i due volumi "**Il successo della mediazione negli Stati Uniti, le formule europee e il raffronto con le "resistenze" in Italia**" (Amazon, Vol. I, dicembre 2011) e "**Programmazione neuro linguistica (PNL) nella gestione del conflitto in mediazione** (Amazon, Vol. II, luglio 2012). E' Mediatore Professionista Civile e Commerciale dal 2011. In questo ambito considera le competenze in Programmazione Neuro Linguistica valido bagaglio culturale e risorsa tecnica per la gestione del conflitto in Mediazione.

Angelo Giardina

Mediatore Civile Professionista (*)

Mediazione Civile, la cultura che cambia

Figura univoca
della mediazione

Il mediatore, figura terza, al di sopra delle parti, è colui che al di la del titolo accademico che lo può distinguere da un altro conciliatore è anche una figura che oggi ha un rilievo importante. Spesso nelle aule dei tribunali si discute di controversie civili, di lieve entità, che sommate a tutte le altre mettono in crisi il sistema giudiziario. Da ciò bisogna capire che non è l'argomento controverso che intasa il sistema giudiziario ma solo una delle parti che per una sua prepotenza impone al legale di insistere per averla vinta.

Con l'introduzione di una figura con un così importante ruolo e di grande responsabilità che non è il titolo specifico ad inculcare la saggezza o professionalità per far suscitare empatia alle parti, istante e soccombente, e riattivare il dialogo. Da quest'ultimo passaggio comincia la fase di Negoziazione, per mezzo della quale si procede alla verifica dei punti d'interesse di ambo le parti.

Il negoziatore professionista, quale è il mediatore, in separata sede con ognuna delle parti comincia a stabilire la concreta e possibile soluzione, mantenendo sempre il segreto fin quando si raggiunge un congruo accordo e si procede per l'incontro congiunto decisivo e la messa a verbale dello stesso.

La Mediazione

La Mediazione o intercessione è il metodo e la cultura del cambiamento, ovvero l'allineamento delle parti in lite ad una reciproca intesa. Oggi si parla di comunicazione come atto formale per riattivare un dialogo perso per una lite. L'introduzione del DL n.28 del 4/3/2010 e del DM 180 del 2010 con l'obbligo di esperire la Mediazione prima di procedere in giudizio ha fatto deflazionare il sovraccarico del sistema giudiziario. L'obbligatorietà della Mediazione è un bene perché le parti sono condotte a dirimere la controversia con l'aiuto del mediatore e con l'eventuale addebito delle spese del giudizio per colui che indotto ad una soluzione equa, non accetta e poi dinanzi al giudice asserisce la medesima proposta. L'obbligo della Mediazione necessita solo per disciplinale la popolazione ad avere un atteggiamento onesto e di elasticità mentale per arrivare ad un dialogo che non annovera un vincitore o un perdente ma l'accordo, l'accordo equo delle parti.

La cultura che cambia

Il cambiamento avviene in varie fasi della vita, nel caso della Mediazione, il dialogo comincia dalle scuole elementari, ossia abituare già gli adolescenti a comunicare e ad indurli alla risoluzione delle controversie in modo pacifico e civile. Da quando hanno tolto l'obbligo di comparizione in sede di Mediazione anzitempo del giudizio, le parti al 95% dei casi non si presentano, solo per una questione di mentalità. L'obbligo serve solo ad indurre la popolazione alla risoluzione delle liti in un tempo limite di 120 giorni ed agevolare tutto l'ingranaggio giudiziario e con spese ridottissime. La mediazione oggi abbraccia tutto, in forma volontaria, ma comunque rimane sempre un metodo alternativo utile e veloce.

La Mediazione che ci accompagna

Il mediatore in fase di espletamento della funzione affidatagli rappresenta una linea guida che accompagna le parti fino alla risoluzione della controversia e la redazione del verbale conclusivo. Il Ministero della Giustizia con l'introduzione della figura del Mediatore, con procedimento obbligatorio ante giudizio, ha favorito un meccanismo che fino a quando non è stato bloccato per eccesso di delega, il 12/12/2012 sulla Gazzetta Ufficiale (serie speciale), ha funzionato celermente. Il potere del soggetto terzo che interviene in sede di conciliazione (o mediazione) è solo un potere di persuasione. Un bravo Mediatore agevola la soluzione concordata di una controversia, quella soluzione che le parti, per un motivo o per l'altro, non sarebbero state in grado di raggiungere da sole, senza cioè la mediazione del terzo. L'esigenza di una nozione definitoria di base è particolarmente importante in un'epoca come quella presente in cui da parte sia delle istituzioni pubbliche che dei privati si cerca di creare, nei rispettivi ambiti, nuovi organismi e modi capaci di provvedere all'offerta di servizi di conciliazione e mediazione. E' importante riconoscere che scelte e soluzioni adottate in via conciliativa o di mediazione si rapportano ad altre possibili scelte e alle potenziali soluzioni che tali scelte implicherebbero.

I sistemi di ADR funzionano da sempre, e sicuramente il nostro paese si stava incamminando su una strada giusta e foriera di ottimi risultati.

La consulta ha interrotto questa strada riportando la mediazione nel suo ambito classico, e cioè quello della sua volontarietà, perfettamente inutile in un contesto culturale e sociale come il nostro, che conosce la mediazione volontaria da decenni, ma la quale ha portato scarsissimi risultati, come dimostrano le statistiche pubbliche.

E' scarsa la propensione da parte dei soggetti privati e pubblici di inserire nei contratti clausole di mediazione, è praticamente inesistente nella maggioranza del mondo forense la cultura della mediazione, intesa nel senso di vagliare con il cliente, prima di intraprendere una causa, strade alternative di composizione delle controversie, tra cui su tutte, quella di rivolgersi ad un mediatore.

Nelle Università italiane non esistono corsi in tecniche di mediazione, ai praticanti avvocati e gli avvocati italiani nessuno ha mai insegnato cosa sia in realtà la mediazione e quali potenzialità abbia in termini di potere risolutivo delle vertenze, né il rispetto per la figura professionale del mediatore, vista da molti avvocati come una sorta di negoziatore, un paciere inutile e costoso.

Mediazione obbligatoria

Non si può ritornare indietro sull'obbligatorietà, cardine di un processo culturale che abbisognerà di anni per il consolidamento della cultura ADR in Italia. La scarsa riuscita, non dovrà essere intesa, nel senso di mancata adesione della controparte al tentativo, altrimenti nelle vertenze di Responsabilità Civile Automobilistica l'avranno vinta le società di Assicurazione, le quali hanno mostrato sin da subito un atteggiamento totalmente ostico alla mediazione, ma analizzando i dati per comprendere le motivazioni, e se del caso rendere ancora più stringente l'obbligo.

Riguardo al credito d'imposta, non percepito come un vantaggio economico immediato, compensando il contributo unificato della causa con quanto da lui speso in mediazione, nel caso di un suo insuccesso; cosicché il tentativo di mediazione non sia visto come una spendita di denaro inutile.

Forme istituzionali di conciliazione

Quanto si è fin qui detto porta a constatare che è assai difficile, se non impossibile, elencare tutti i modi e i contesti in cui la conciliazione, o mediazione, o mediazione che sia, ha rappresentato storicamente la via principale di risoluzione delle controversie.

Le forme di conciliazione spaziano, infatti, dalle prassi più o meno istituzionalizzate operanti a livello internazionale per il mantenimento della pace fra le nazioni. Questa Antologia evidenzia i meccanismi formalizzati, o comunque, riconosciuti dall'ordinamento statale allo scopo di promuovere la conciliazione o mediazione come un'alternativa preferibile al ricorso alle vie giudiziarie. In proposito si può iniziare osservando che la conciliazione ha assunto un particolare rilievo come modo alternativo di risoluzione delle controversie in tre grandi contesti storici. Il primo si riferisce a tempi di trasformazione rivoluzionaria, quelli soprattutto della rivoluzione francese, ma anche quelli che hanno visto, più di recente, l'avvento dei regimi comunisti. Il secondo contesto è quello relativo a tempi in cui, analogamente a quanto accade nel primo contesto, vengono esaltati i valori popolari e si riscontra la necessità di unire la popolazione attorno a questi valori. Il terzo e più recente, infine, è quello che fa riferimento alla cultura politica e giuridica del cosiddetto "Stato assistenziale". Il Welfare State vede l'idea di mediazione imporsi come idea giuda dei programmi di riforma lanciati dai leaders tanto del mondo giuridico, quanto di importanti movimenti politici. Le motivazioni portate a sostegno della formalizzazione della mediazione in ognuno dei contesti suddetti presentano evidenti somiglianze; ma il dibattito che vi si connette mostra, d'altro canto, quanto ampia sia la gamma delle posizioni ideologiche che possono ritenere di trarre vantaggio dalla mediazione o conciliazione.

Le prassi della conciliazione o mediazione

Gli studiosi tendono a suddividere la conciliazione o mediazione in diverse fasi. I compiti del mediatore sono cinque: 1) acconsentire a fungere da mediatore, dato che si tratta di una procedura quasi sempre volontaria; 2) comprendere il problema e capire anche come lo vedono le parti in disaccordo; 3) fornire delle possibilità di soluzione alle parti; 4) raggiungere un accordo accettabile; 5) dare esecuzione all'accordo. I mediatori ritengono in prevalenza di dover rimanere neutrali per tutto il corso del procedimento: " Un mediatore è una persona che è tenuta a mantenere una posizione neutrale. Tale posizione permette di rendere efficace sia il processo di mediazione che l'operato del mediatore. La posizione neutrale fornisce al mediatore la possibilità di operare in base a principi e non per opportunismo".

Uno studio recente ha rilevato come i mediatori di maggior successo " cercano di sospendere il giudizio mentre indagano a ascoltano. Nella gran parte dei casi, i mediatori sottolineano come si tratti di un processo fondato sulla riservatezza: "La mediazione ottiene i risultati migliori se si attua in un atmosfera di discussione libera e aperta.

Per avere una situazione di questo tipo è necessario garantire che le informazioni ottenute durante la mediazione non trapelino né all'interno della sede di giudizio né al suo esterno". Molti degli studi sulla mediazione sottolineano l'importanza della creatività sia nella fase di indagine riguardante gli interessi delle parti, sia nella ricerca delle possibili soluzioni. Un mediatore efficace deve aprire delle possibilità che le parti possono non aver intravisto e tali da dare a ognuna delle due modo di ottenere ciò che le sta più a cuore: ad esempio uno dei contendenti può essere interessato più ai tempi entro cui ottenere un risarcimento che al suo ammontare, o a un certo atto piuttosto che ai suoi dettagli specifici. Il mediatore pertanto ascolta, cerca di capire che cosa ognuna delle parti ha realmente a cuore o che cosa è disposta ad accettare, e quindi le guida verso un accordo. Il mediatore non deve prender posizione o favorire determinati interessi, ma deve aiutare le parti a raggiungere una soluzione accettabile. I mediatori possono trattare con le parti prese singolarmente o insieme, a seconda delle circostanze e del loro atteggiamento. Nel cercare una soluzione, il mediatore deve rendere chiari i costi e i benefici connessi a ognuna delle alternative possibili, compresa quella di rinunciare al tentativo di conciliazione. E' chiaro che mediatori diversi possono sottolineare l'importanza di costi e benefici diversi, ma è utile ricordare alcuni dei fattori che il mediatore può ritenere giusto mettere in chiaro con le parti. Uno di tali benefici è quello di mantenere un rapporto esistente, quale quello datore di lavoro-dipendente, o padrone di casa-inquilino; le parti, infatti, saranno disposte a fare maggiori concessioni se vogliono davvero che tale rapporto non si interrompa. Un altro beneficio è quello della tranquillità che deriva dall'interruzione del conflitto, il che permette alle parti di dedicarsi ad altro. La fine della lite permette diversi tipi di risparmio. Uno è quello relativo alle spese necessarie per risolvere la lite in altro modo, e specialmente tramite il ricorso alle vie giudiziarie che richiede anche maggior tempo, dati i ritardi che caratterizzano il sistema giudiziario in gran parte del mondo. Oltretutto il risultato di una lite giudiziaria è incerto, e può anche non risultare gradito alle parti. Come vedremo in seguito, il mediatore può anche far notare a quella parte che non sembra disposta ad arrivare a un accordo come la sua posizione risulterebbe particolarmente debole se si dovesse andare in giudizio; cioè può utilizzare la sua competenza in materia giuridica per mandare a buon fine il processo di conciliazione. Quando è un giudice ad assumere il ruolo di mediatore in un caso già portato in giudizio, è frequente che egli faccia riferimento alle spese che la lite giudiziaria comporta e ai suoi possibili esiti. Secondo un recente studio effettuato negli Stati Uniti, ad esempio, la tecnica più efficace utilizzata da un giudice federale per arrivare a un accordo è stata quella di dare a ognuna delle parti la sua "opinione informata" su quali erano i suoi punti deboli e su quale gli sembrava un accordo ragionevole. I mediatori, cioè, possono talvolta cercare di valutare i potenziali esiti anche in relazione a ciò che potrebbe verosimilmente accadere in giudizio.

Le valutazioni

E' difficile valutare il fenomeno della mediazione o conciliazione in termini astratti. Per cominciare, dovrebbe essere chiaro che la qualità di un simile procedimento dipende dal tempo che viene dedicato a ricercare una soluzione accettabile. La conciliazione può avvenire in tempi brevi, ma una soluzione ideale può invece richiedere un esame molto attento di tutte le questioni implicate nella controversia di specie, nonché un'ampia indagine relativa alle possibili soluzioni, e un lungo periodo di discussione al fine di persuadere le parti che una determinata soluzione è quella accettabile per entrambe. Il procedimento giudiziario o quello arbitrale possono essere più lenti; tuttavia il giudice o l'arbitro hanno il vantaggio di poterne accelerare il corso in quanto possono emettere una decisione, non già sulla base di un accertamento pieno dei fatti di specie, ma piuttosto in base all'applicazione di principi giuridici relativi ai fatti giuridicamente rilevanti. La conciliazione può finire con l'essere, in pratica, più costosa di altre forme di risoluzione delle liti, e infatti alcuni studi sul campo sembrano confermare questa conclusione. La conciliazione viene così, spesso, promossa sul presupposto che essa sia meno costosa, laddove il suo costo effettivo può non essere, invece, minore di quello del ricorso alle vie giudiziarie. C'è poi da osservare che un conciliatore o mediatore frettoloso o troppo occupato può trovare il modo di evitare di dedicare molto tempo allo studio dei casi a lui sottoposti. Un modo, ad esempio, consiste nel forzare la mano alle parti perché si accordino. Secondo uno studio recente, effettuato negli Stati Uniti, i mediatori possono essere classificati in due gruppi: patteggiatori (bargainers) e terapeuti (therapists).

I primi sono coloro che si limitano a trovare una soluzione buona per essere venduta alle parti; i secondi, al contrario, cercano di esplorare a fondo l'intera gamma delle questioni sottese a una determinata controversia. Il tipo d'intervento svolto dai primi può essere tirato in lungo oppure risolto molto sbrigativamente. Un modo sbrigativo di patteggiare consiste nell'indurre le parti ad accettare una "soluzione" che semplicemente taglia a metà ragioni e torti delle parti: una soluzione, naturalmente, che può non essere quella più appropriata. Una delle parti, infatti, potrebbe essere in posizione di maggior forza rispetto all'altra e, comunque, non essere disposta a fare rapidamente delle concessioni rilevanti. Mentre la parte in posizione di maggiore debolezza può essere indotta a seguire la proposta del mediatore e quindi dichiararsi disposta a fare delle concessioni importanti pur di raggiungere presto un accordo risolutivo. Un veloce patteggiamento, dunque, non soltanto può far disperdere i vantaggi insiti nell'approccio cosiddetto "terapeutico", basato cioè su un'attenta raccolta di informazioni, ma può anche far aumentare le probabilità che la parte più forte tragga dalla mediazione un risultato migliore. Solo uno studio dettagliato sul campo può mostrare come in realtà il procedimento di mediazione operi in un determinato contesto. Una mediazione svolta in maniera superficiale non sempre si fonda soltanto su un approccio inteso a favorire un rapido patteggiamento della soluzione. Essa può altresì basarsi sulle nozioni di diritto del mediatore e su una previsione dell'esito probabile della lite, se questa fosse trattata in sede giudiziaria. Così, ad esempio, un consumatore che presenti un reclamo riguardo a un particolare prodotto, può richiedere la mediazione. Il mediatore può però far presente al venditore e allo stesso consumatore che la questione riguardante la qualità del bene è probabilmente oggetto di una specifica garanzia o è di competenza delle leggi a protezione dei consumatori; Al più, un mediatore orientato in senso logistico può forzare la mano alle parti perché accettino una soluzione che assomigli molto a quello che potrebbe essere il probabile esito della lite in sede giudiziaria.

In tal modo il procedimento di mediazione viene a rispecchiare il procedimento giudiziario, sebbene condotto in modo differente. Se il problema è costituito da un processo civile lento e complesso, allora è compito del legislatore correggere il difetto. La conciliazione offre una chiara alternativa, secondo l'approccio che è stato detto terapeutico, e non già una giustizia di seconda classe, i principi del diritto restano fuori del procedimento relativo.

Alcuni sostengono che quando le parti hanno un diverso potere negoziale ed esistono indirizzi di politica del diritto tendenti a ripristinare l'equilibrio delle posizioni, la conciliazione non dovrebbe abbandonare tali indirizzi in favore dell'approccio suddetto mirante a soddisfare le parti. La questione, infatti, è se un senso di maggiore compiacimento delle parti per la soluzione raggiunta sia più importante della tutela in linea di principio di diritti individuali.

Il ceto forense, è appena il caso di ricordare, storicamente ha cercato di opporsi a qualunque approccio, per quanto concerne la risoluzione delle liti, che fosse poco rispettoso dei principi giuridici. Va però aggiunto che questo atteggiamento si basa talvolta su una percezione non del tutto esatta di quella che è la fenomenologia giuridica. Chi si rivolge ad un legale per trovare in lui il difensore di una determinata posizione di rilevanza giuridica può non ottenere che venga fatta un'attenta analisi dei dettagli della legge in relazione al suo caso. Vale a dire: i legali agiscono più in veste di mediatori, disinformati circa le leggi in materia, che in quella di difensori accaniti dei diritti dei loro clienti. Ma coloro che criticano l'istituto della mediazione lamentando la scarsa considerazione prestata dai mediatori ai diritti soggettivi, non dovrebbero presumere che il fatto di rivolgersi a un legale sia di per sé garanzia di ottenere un procedimento più giuridicizzato, come essi vorrebbero. Un altro motivo di riflessione che si trova spesso affrontato dalla letteratura sull'argomento è costituito dal fatto che il ricorso alla mediazione o conciliazione può non essere frutto di una scelta volontaria per una larga parte di soggetti interessati. L'ideale sarebbe che le parti consentissero liberamente alla mediazione e che esse altrettanto liberamente si inducessero ad accettare una determinata soluzione. In realtà, alcuni degli enti che svolgono opera di mediazione si attengono strettamente a questi principi. Un approfondito studio dei diversi programmi di mediazione seguiti negli Stati Uniti ha dimostrato l'esistenza di un netto orientamento in favore di questo modo di guardare al fenomeno "obbligatorio". Una coercizione può essere esercitata in molti modi. Un sistema di ricorso alle vie giudiziarie che si presenti piuttosto costoso e complesso può indurre le parti a servirsi di qualsiasi altro mezzo disponibile di risoluzione delle controversie. Esse possono volere o non volere la mediazione, ma se questo mezzo è tutto ciò che l'ordinamento è in grado di offrire a un costo ragionevole, allora molte parti si ritroveranno costrette ad accettarlo come unica realistica alternativa.

Rilievi conclusivi

Il lato positivo della conciliazione è stato ben descritto in un saggio di Lorenzo Scamuzzi, dove si legge: "tutti i filosofi moralisti, cominciando da Platone, che ottima ravvisava quella repubblica in cui le liti fossero pochissime e brevissime, hanno sempre raccomandato la conciliazione, la quale sostituisce all'ira la mansuetudine, all'odio l'amore, all'irrequietezza la tranquillità, alle scissure la pace e la concordia dei cittadini e delle famiglie, alle lotte intestine l'ordine e il benessere sociale". Durante i periodi di trasformazione sociale che in quelli reazionari la conciliazione richiama l'interesse dei riformatori. Oggigiorno esiste un dibattito molto acceso in gran parte del mondo circa il ruolo e le potenzialità di forme istituzionali di conciliazione. Una conciliazione obbligatoria, ad esempio, ha dato origine storicamente a dei problemi; d'altro canto, senza una qualche obbligatorietà, la conciliazione su base puramente volontaria ha attirato un numero relativamente basso di volontari. Il numero di casi trattati è stato poco rilevante, portando al declino gli istituti di conciliazione. La conciliazione obbligatoria, non sempre appare conformarsi agli ideali del relativo procedimento. Essa ha spesso finito per assomigliare al procedimento giudiziario, suscitando delle critiche. Il punto di maggiore contrasto nei dibattiti dottrinali resta l'importanza da assegnare al diritto in sede di conciliazione, allorquando siano in gioco diritti individuali. L'approccio cosiddetto terapeutico sembra respingere l'uso del diritto come un ostacolo al raggiungimento di un accordo pieno tra le parti. Il dibattito in proposito non può essere qui esaurito, e certamente continuerà a riproporsi. Esso investe la conduzione del procedimento, la valutazione dei suoi esiti, e persino il tipo di istruzione delle persone che guidano la conciliazione.

Istituti classificati sotto l'etichetta della conciliazione possono essere assimilati piuttosto ai meccanismi della giustizia ordinaria. Essi possono offrire assistenza legale; avvicinarsi nei risultati a quelli prodotti dai meccanismi giudiziari; imporre dei compromessi simili a quelli arbitrali. Oppure possono dare luogo a un'esplorazione profonda, anche di ordine psicologico, delle questioni in esame e a una discussione di tipo terapeutico. Problemi quale quello della natura volontaria della conciliazione, possono sollevare la questione di quali altre alternative siano disponibili e delle modalità del loro funzionamento. Non è pertanto realmente possibile dichiararsi contrari alla conciliazione, essa è un procedimento che ha molto da offrire, e idealmente aggiunge una dimensione nuova e promette soluzioni molto soddisfacenti delle controversie.

Ma solo una attenta valutazione ci può dire se questi ideali sono realizzati in qualcosa che può definirsi come conciliazione, oppure in qualcosa che può essere invece definito con un'etichetta molto diversa.

La comunicazione che si manifesta tra più esseri in quanto sono soggetti delle medesime affezioni: e perciò può essere adoperato per designare sia un'affinità oggettiva delle cose sia una partecipazione soggettiva di una persona allo stato d'animo di un'altra.

Il codice civile dedica alla mediazione gli art. 1754-1765 c.c.; il mediatore non è legato ad alcuna delle parti da rapporti di collaborazione, di dipendenza o di rappresentanza. Ha diritto alla provvigione da ciascuna delle parti, se l'affare è concluso per effetto del suo intervento.

* * *

L'AUTORE

Angelo Giardina

Angelo Giardina, quale Mediatore Civile e Commerciale professionista, esercita tale professione presso lo studio del quale è titolare, e che si trova a Letojanni (ME) in via Monte Bianco pal. C, con dedizione e professionalità umanistica.

Si occupa della gestione del condominio e delle controversie che ne conseguono. Inoltre, competenze nel management aziendale e negoziazione con la contrattualistica.

Referente Provinciale per Messina dell'Associazione Professionale Mediatori Civili.

e-mail: apmc.sicilia_messina@yahoo.it

.

* * *

Francesco Luciano

Mediatore Civile Professionista (*)

La Mediazione Civile nelle successioni ereditarie

Premessa

Le successioni ereditarie(*) rappresentano uno tra gli avvenimenti più dolorosi e spesso sconcertanti, una vera e propria lotta fra eredi. Cause lunghissime, accuse di falso, controaccuse, un vero inferno, proprio nei momenti nei quali ci si dovrebbe trovare tutti uniti nel ricordo della persona deceduta.

Talvolta anche se c'è la volontà di arrivare rapidamente ad un accordo, perché prevalgono i buoni sentimenti questo non basta, perché bisogna avere anche lo strumento giuridico per poterlo fare.

Una causa in materia di successioni ereditarie può durare anche oltre 10 anni, duranti i quali incontri, scontri, discussioni, udienze , cambiando completamente i rapporti in essere al momento pre-successione.

Bisogna anche mettere in conto le spese legali e di perizia che, fino alla pronuncia del Giudice, rimangono a carico degli eredi aumentando sempre più il senso di frustrazione e di rabbia.

Ecco allora che un procedimento snello ed efficace come la Mediazione Civile rappresenta la risposta ideale e risolutiva a questi problemi.

Ma iniziamo facendo il punto sulle successioni ereditarie partendo dall'inizio…

(*) Il Decreto Legislativo 04.03.2010 n° 28 prevede che la mediazione civile è attivabile "....._nei casi di controversie relative a:_

- _condominio;_
- _diritti reali;_
- _divisione;_
- _successioni ereditarie;_
- _patti di famiglia;_
- _locazione;_
- _comodato;_
- _affitto di azienda;_
- _risarcimento del danno derivante dalla circolazione di veicoli e natanti;_
- _risarcimento del danno derivante da responsabilità medica;_
- _risarcimento del danno derivante da diffamazione con il mezzo della stampa o altro mezzo di pubblicità;_
- _contratti assicurativi, bancari e finanziari._"

La successione ereditaria

Secondo l'articolo 456 del codice civile (Apertura della successione) *"La successione si apre al momento della morte, nel luogo dell'ultimo domicilio del defunto"*, determinando il trasferimento della titolarità dei rapporti giuridici patrimoniali attivi e passivi del defunto (c.d. *"de cuius"*) in capo ai suoi successori.

La successione può avvenire:

a) **a titolo universale**, in questo caso il successore, che prende il nome di "erede", subentra nella posizione giuridica patrimoniale del defunto;

b) **a titolo particolare**, quando un soggetto detto "legatario" succede in uno o più rapporti determinati già spettanti al defunto.

La distinzione suddetta è importante sotto vari profili, tra cui:

1) il modo di acquisto: mentre la qualifica di erede richiede un atto di accettazione da parte dell'interessato (che a sua volta può essere espressa, tacita o presunta e produce effetti retroattivi), il successore a titolo particolare acquista automaticamente il legato, ferma restando in

entrambi casi la facoltà di rinuncia da parte degli interessati;

2) la responsabilità: l'erede risponde dei debiti ereditari anche con il proprio patrimonio, oppure può evitare detta responsabilità illimitata accettando l'eredità con beneficio d'inventario, mentre il legatario non è tenuto a rispondere dei debiti ereditari;

3) la continuazione nel possesso: l'erede succede anche nel possesso, che continua in capo allo stesso con gli stessi caratteri che aveva nei confronti del defunto, mentre il legatario inizia un nuovo possesso, al quale può tuttavia unire quello del defunto per goderne gli effetti.

* * *

Tipologia
di successione ereditaria

L'articolo 457 del codice civile (Delazione dell'eredità) prevede che il trasferimento dei diritti patrimoniali avviene per legge (Codice Civile 565 e seguenti quando la persona defunta non ha lasciato alcun testamento o un testamento dichiarato invalido) o per testamento (Codice Civile 587 e seguenti) quando la persona defunta ha disposto, con un valido testamento, a chi devono essere devoluti i suoi beni dopo la propria morte, ricordando che le disposizioni testamentarie non possono comunque pregiudicare i diritti che la legge riserva ai legittimari.

La successione per legge

Se il "de cuius" non ha disposto in tutto o in parte dei suoi beni, interviene la legge indica come essi devono essere assegnati e distribuiti.

I soggetti che ereditano per legge sono:

- Coniuge;
- figli (legittimi, naturali, legittimati e adottivi);
- fratelli (in assenza dei figli);
- ascendenti (in assenza dei figli);
- altri parenti entro il 6° grado (solo se unici eredi).

[Tabella 1] Situazione delle successioni ereditarie nel caso di morte *senza testamento*, in presenza di coniuge

Con coniuge		
Eredi	Quote spettanti	
Coniuge (in mancanza di figli, fratelli e ascendenti)	Coniuge	Intera eredità
Coniuge + Figlio unico (anche se viventi fratelli e ascendenti)	Coniuge	50% eredità + diritto abitazione
	Figlio unico	50% eredità
Coniuge + 2 o più figli (anche se viventi fratelli e ascendenti)	Coniuge	33,33% eredità + dir. abitazione
	Figli	66,66% in parti uguali
Coniuge + Ascendente/i (senza figli e fratelli)	Coniuge	66,66% eredità + dir. abitazione
	Ascendente/i	33,33% eredità in parti uguali
Coniuge + 1 o più fratelli (senza figli e ascendenti)	Coniuge	66,66% eredità + dir. abitazione
	Fratelli	33,33% eredità in parti uguali
Coniuge + Ascendente/i + 1 o più fratelli (senza figli)	Coniuge	66,66% eredità + dir. abitazione
	Ascendente/i	25% in parti uguali
	Fratelli	8,33% in parti uguali

[Tabella 2] Situazione delle successioni ereditarie nel caso di morte *senza testamento*, in caso di assenza di coniuge

Senza Coniuge		
1 o più figli (anche se viventi fratelli e ascendenti)	figli	Intera eredità in parti uguali
Ascendente/i (senza figli e fratelli)	Ascendente/i	Intera eredità in parti uguali
1 o più fratelli (senza figli e ascendenti)	1 o più fratelli	Intera eredità in parti uguali
Ascendente/i + 1 o più fratelli (senza figli)	Ascendente/i	50% eredità in parti uguali
	Fratelli	50% eredità in parti uguali
Altri parenti entro il 6° grado (se unici eredi)	Altri parenti entro il 6° grado	Intera eredità in parti uguali ai parenti di grado più prossimo

Successione per testamento

La seconda possibilità contemplata nel codice civile è di succedere per testamento (*), a condizione di non essere incapaci.

Sono **incapaci** (**) di disporre per testamento:

- i **minorenni;**
- gli **interdetti** per infermità di mente;
- gli **incapaci** naturali.

[Tabella 3] Situazione delle successioni ereditarie nel caso di morte *con testamento.*

Ci sono solo figli	
1 figlio	1/2 è la quota riservata e 1/2 è la quota disponibile
2 figli	1/3 al primo figlio, 1/3 al secondo figlio, 1/3 è la quota disponibile
3 figli	2/9 al primo figlio, 2/9 al secondo, 2/9 al terzo e 1/3 disponibile
4 figli	1/6 ad ognuno dei quattro figli e 1/3 è la quota disponibile
+ figli	2/3 diviso fra tutti in parti uguali ed 1/3 è la quota disponibile
Ci sono solo genitori	
1 genitore	1/3 al genitore e 2/3 come quota disponibile
2 genitori	1/6 al primo, 1/6 al secondo e 2/3 sono la quota disponibile
C'è solo il coniuge (senza figli)	
Solo vedovo/a	1/2 al coniuge superstite + il diritto di abitazione e 1/2 come quota disponibile
C'è il coniuge assieme al figlio o ai figli	
Coniuge e 1 figlio	1/3 al coniuge, 1/3 al figlio ed 1/3 quota disponibile
Coniuge e 2 figli	1/4 al coniuge, 1/4 ad ogni figlio ed 1/4 quota disponibile
Coniuge e 3 figli	1/4 al coniuge, 1/6 ad ogni figlio ed 1/4 la disponibile
Coniuge e + figli	1/2 diviso fra tutti i figli, ¼ al coniuge e 1/4 la disponibile
C'è il coniuge (senza figli) assieme ai genitori	
Coniuge e un genitore:	1/2 al coniuge, 1/4 al genitore e 1/4 è la disponibile
Coniuge e due genitori:	1/2 al coniuge, 1/8 ad ogni genitore e 1/4 disponibile
Coniuge separato non in colpa	1/2 della quota
Coniuge separato in colpa	assegno vitalizio
Ci sono coniuge, genitori e fratelli	
1/2 al coniuge, 1/4 ai genitori, zero ai fratelli e 1/4 è la disponibile	
Ci sono il coniuge ed i fratelli	
1/3 ai genitori, zero ai fratelli e 2/3 è la disponibile	
Ci sono solo i fratelli	
zero ai fratelli e 4/4 è la quota disponibile	

Come si è potuto ben vedere, tale tipo di problematica può coinvolgere una moltitudine di soggetti, ciascuno portatore di propri interessi e talvolta difficilmente conciliabili. Si rende quindi necessaria la presenza di un soggetto terzo imparziale, il mediatore, che dia impulsi per uscire dalla situazione di impasse che talvolta si viene a creare.

Attraverso una gestione del conflitto volta a ricondurre ad una relazione di tipo negoziale si potrà ottenere il duplice risultato di salvaguardare i diritti dei singoli e gli interessi economici e affettivi delle parti.

Le fasi di mediazione

Allo scopo di giungere agli obiettivi suddetti, il procedimento di mediazione si articola in una serie di fasi obbligatoriamente necessarie.

Fase 1 - Introduzione della procedura

L'articolo 4 del Decreto Legislativo 4 marzo 2010 n. 28, fa corrispondere l'inizio del procedimento con il momento del deposito di un'istanza, da parte dei soggetti parti di una controversia, presso un organismo di mediazione. presso un organismo di mediazione accreditato presso il Ministero. In caso di più domande relative alla medesima controversia, la mediazione si svolge davanti all'organismo presso il quale è stata presentata la prima domanda e che per determinare il momento della presentazione della domanda si ha riguardo alla data della ricezione della comunicazione.

L'istanza di mediazione deve indicare l'organismo, le parti, l'oggetto (che può avere contorni meno definiti rispetto all'istanza giudiziale) e le ragioni della pretesa. La data di ricezione della comunicazione, dalla quale si determina l'inizio del procedimento, dovrebbe riferirsi al momento in cui l'istanza è comunicata alla controparte, a norma dell'articolo 8 del Decreto Legislativo 4 marzo 2010 n. 28, primo comma, secondo il quale la domanda e la data del primo incontro sono comunicate all'altra parte con ogni mezzo idoneo ad assicurarne la ricezione, anche a cura della parte istante.

Per quanto riguarda la durata della mediazione, occorre ricordare che, ai sensi dell'articolo 6 del Decreto Legislativo 4 marzo 2010 n. 28, primo comma, il procedimento non può superare i quattro mesi. Ciò sicuramente favorisce la rapida risoluzione della controversia e quindi possibile immediato recupero del rapporto tra le parti che potrebbe venire intaccato.

E' bene ricordare che la difesa tecnica non è contemplata nel provvedimento legislativo in esame, anche senza l'assistenza di un avvocato, pur se è prudente immaginare che nella maggior parte dei casi sia le parti che il mediatore stesso hanno l'interesse all'assistenza di un legale soprattutto nella fase della redazione dell'eventuale accordo.

Infine, è opportuno mettere particolarmente in risalto il ruolo dell'ADR come strumento al servizio della pace sociale. Le parti non si affrontano più, ma al contrario s'impegnano in un processo di

riavvicinamento e scelgono esse stesse il metodo di risoluzione del contenzioso, svolgendo un ruolo più attivo in tale processo per tentare di trovare da sole la soluzione che conviene loro di più.

Questo approccio aumenta le possibilità per le parti di mantenere, una volta risolta la lite, la loro relazioni di natura familiare e affettiva.

Fase 2 - Analizzare l'asse ereditario e lo stato patrimoniale del defunto

Bisogna anzitutto aiutare gli eredi ad effettuare un'analisi dell'intero asse ereditario, ossia il patrimonio immobiliare e non, di cui disponeva il *de cuius*.

L'asse ereditario può essere formato da beni immobili (fabbricati e terreni), liquidità (conti correnti, libretti di risparmio, titoli, ecc), aziende, società ecc...

Per fare ciò bisogna entrare in contatto con tecnici esperti che possono aiutare le parti a dare un valore preciso alla massa ereditaria contesa, oppure il mediatore può essere affiancato da un co-mediatore altamente specializzato nella materia in analisi.

In tal modo, i mediatori conoscendo la portata dell'oggetto della contesa potranno aiutare le parti a trovare la migliore soluzione possibile, quella che soddisfi al tempo stesso tutti gli eredi.

Fase 3 - Riattivare la comunicazione tra gli eredi - ascolto delle esigenze di tutte le parti

La terza fase della mediazione è la più importante e la più delicata dell'intero processo, perché sarà in questa che il mediatore comprende bene quali sono le posizioni delle parti, fa emergere gli interessi delle parti stesse e fa in modo che queste comunichino per trovare la soluzione più adatta a risolvere il loro conflitto.

Accade di frequente che di fronte ad un cospicuo asse ereditario, uno o più fratelli entrino in conflitto a seguito di una percepita iniquità nella divisione voluta dal *de cuius* nel testamento, oppure, la risorsa del contendere non è altro che il pretesto per competere su un'altra risorsa percepita come scarsa.

Il mediatore , lo ricordiamo non ha il ruolo di problem-solver, ma quello del «filosofo socratico», che, utilizzando la maieutica, aiuta le parti a trovare la «via di uscita» più adatta a loro, quella grazie alla quale esse dovrebbero avere maggiori probabilità di continuare il rapporto anche dopo la risoluzione della controversia.

Come può il mediatore fare in modo che gli interessi delle parti emergano, senza cadere egli stesso nella tentazione di «proporre una soluzione imparziale»? Come può egli agire da «mediatore» e non da «consulente»(*)

L'emersione degli interessi è fondamentale per una risoluzione efficace e duratura del conflitto e si può ottenere tramite alcune tecniche. La prima è la cosiddetta «*arte della domanda*». Il mediatore, i tale fase, deve porre ai contendenti domande adeguate, generalmente di tipo «*aperto*», che portano le parti a meditare sull'attuale situazione e a cercare dentro di sé la soluzione. In tal modo si evitano domande rivolte al passato, che possono essere percepite dalle parti come un giudizio, come ad esempio: "*Per quale motivo litigate?*", "*Perché crede di avere più diritto dell'altra parte?*". Si devono preferire invece, domande chiarificatrici e il più possibile neutrali.

Successivamente, si utilizzano quesiti che guardano soprattutto al presente e al futuro della relazione tra le parti in conflitto, non al passato: "*Cosa prova in questo momento?*", "*Che cosa vorrebbe?*".

Le domande, devono anche fare in modo che la parte a cui esse si rivolgono tenti di mettersi nei panni dell'altra e provi a cercare un modo utile per uscire dal conflitto e, possibilmente, per proseguire la relazione: «*Secondo Lei, perché il sig. Rossi sta pretendendo questo?*», «*In che rapporti siete adesso?*", "*Come immagina la Vostra relazione nel futuro?*».

Altra tecnica che il mediatore può utilizzare è il *brainstorming*(**), cioè l'invito, rivolto alle parti, a generare possibili alternative, per la possibile risoluzione al loro contrasto.

Durante tale procedura, il mediatore stimola le parti a trovare una soluzione condivisa e guidata da una logica che soddisfa entrambe, facendole uscire dall'idea che un conflitto si risolva solo e necessariamente con la vittoria di una e la sconfitta dell'altra.

La terza fase si conclude con la generazione, da parte dei contendenti del più elevato numero possibile di alternative per la soluzione del conflitto, tramite il *brain-storming*. Il mediatore è tanto più efficace, quanto più si astiene dal dare giudizi sul comportamento passato e presente delle parti ed evita di «proporre» soluzioni che non siano generate autonomamente dalle parti stesse.

Pertanto, è chiamato a restare neutrale, guidando le parti verso l'oggettivazione del loro conflitto tramite l'emersione dei tratti emotivi, talvolta violenti, che influenzano e confondono i confini.

(*)SAF • SCUOLA DI ALTA FORMAZIONE LUIGI MARTINO, *N.37 La mediazione civile: Le tecniche di gestione dei conflitti.*

(**)CLAUDIO BEZZI , ILARIA BALDINI, *Il brainstorming. Pratica e teoria.* A. BESSE, *Il brainstorming. Cos'è e come si applica.* A. F. OSBORN, *L'immaginazione creativa.*

Fase 4 - Trovare un accordo - recupero del rapporto umano

Le parti, vengono guidate dal mediatore verso la traduzione delle proprie posizioni e si evidenziano le soluzioni concrete per risolvere la controversia.

L'accordo, emersi correttamente gli interessi durante la fase precedente, non manca e giunge come una conclusione naturale del processo di mediazione. Tutte le parti, alla fine di tale fase, sono in grado di capire quali sono le motivazioni vere del conflitto e hanno avuto modo di riflettere sulle possibili soluzioni concrete, che soddisfano entrambi. Prima di giungere all'accordo, tuttavia, la mediazione entra in un'altra fase, quella della negoziazione vera e propria, durante la quale il mediatore dovrà essere in grado di sintetizzare efficacemente quali siano gli interessi reali delle parti e riformulare l'intera questione a beneficio dei due contendenti, con la finalità di concludere in modo soddisfacente la controversia tramite la formulazione dell'accordo stesso.

Il mediatore deve quindi procedere alla verbalizzazione dell'esito del procedimento, che deve essere sottoscritto da tutte le parti. Sarà comunque compito delle parti presenti (con l'ausilio degli avvocati al fine di far inserire tutte le possibili clausole) procedere alla redazione dell'atto specifico, oggetto dell'accordo sottoscritto. Quest'ultimo, infine, verrà allegato al verbale redatto dal soggetto incaricato dall'Organismo di mediazione e conservato negli archivi.

Si ricorda, inoltre, che l'articolo 12 del Decreto Legislativo 4 marzo 2010, n. 28 prevede che *"Il verbale di accordo, il cui contenuto non è contrario all'ordine pubblico o a norme imperative, è omologato, su istanza di parte e previo accertamento anche della regolarità formale, con decreto del presidente del tribunale nel cui circondario ha sede l'organismo. Nelle controversie transfrontaliere di cui all'articolo 2 della direttiva 2008/52/CE del Parlamento europeo e del Consiglio, del 21 maggio 2008, il verbale è omologato dal presidente del tribunale nel cui circondario l'accordo deve avere esecuzione.".*

È sempre possibile impugnare il contenuto dell'accordo, anche se fosse omologato, nei limiti consentiti dalle impugnative negoziali: la conciliazione ha infatti natura negoziale e come tale è suscettibile di annullamento o nullità.

In ultimo, l'articolo 17 del Decreto Legislativo 4 marzo 2010, n. 28 al comma 3, prevede *che "Il verbale di accordo è esente dall'imposta di registro entro il limite di valore di 50.000 euro, altrimenti l'imposta è dovuta per la parte eccedente".*

Tale previsione si riferisce al verbale considerato nella sua interezza (ossia al verbale cui è allegato e/o contenuto l'accordo); ogni altra eventuale scrittura privata derivante dall'accordo sarà assoggettata alla tassazione prevista dalle norme tributarie ad essa applicabile. Il previsto limite di esenzione deve intendersi ovviamente riferito all'importo indicato nel verbale e non al valore della lite indicato nella domanda formulata dalla parte. Qualora, invece, le parti non riescano a giungere ad un accordo, il mediatore procederà alla stesura del verbale di mancato accordo e per far valere le proprie ragioni si dovrà adire alla giustizia ordinaria.

In definitiva....

Attraverso quindi l'intervento di un soggetto terzo e neutrale (mediatore), con affinate competenze tecniche e di negoziazione, le parti ritornano a dialogare e a collaborare per trovare un accordo che soddisfi tutti. Il vantaggio di un accordo trovato in sede di mediazione civile rispetto ad un normale giudizio in tribunale sta: nel *risparmio di tempo* (la procedura di mediazione si conclude in massino 4 mesi) e nel *risparmio di denaro* (costi notevolmente inferiori ad un normale giudizio).

L'aver trovato insieme un accordo fa sì che le parti rivalutino il rapporto umano.

Questo è un aspetto molto importante per gli eredi che, in tal modo, possono mantenere buoni rapporti di parentela.

Ricapitoliamo i vantaggi della mediazione civile nelle controversie sulle successioni ereditarie

Qui di seguito vengono riassunti i vantaggi derivanti dall'utilizzo di una procedura che ancora ad oggi trova poca applicazione derivante da una bassissima diffusione della cultura delle Alternative Dispute Resolution.

- Recupero del rapporto tra le parti
- Rapida definizione della controversia

- Costi ridotti e predeterminati
- Esecutività del verbale di conciliazione (ha valore di sentenza)
- Procedura informale
- Annullamento del rischio di condanna alle spese
- Esenzione dall'imposta di registro sino a € 50.000
- Riconoscimento di un credito di imposta pari all'importo pagato per le spese della mediazione fino a un massimo di 500,00 €

* * *

L'AUTORE

Francesco Luciano

 Laureato in Economia Aziendale presso l'Università di Foggia, dove ha anche conseguito un master in "Diritto tributario e Consulenza d'impresa".

Mediatore Civile e commerciale dal gennaio 2012. Autore del volume *"Mediazione Tributaria: aspetti tecnici e rapporti con i tradizionali istituti deflattivi"*.

E' referente provinciale per Foggia presso Associazione Professionale Mediatori Civili (APMC) dal gennaio 2013.

e-mail: apmc.puglia_foggia@yahoo.it

INDICE ANALITICO
(l'indie sintetico è a pag. 7)

***

***

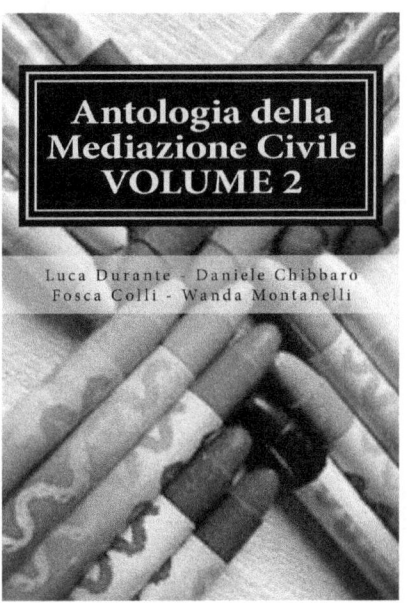

>>>>

Edito aprile 2013
Codice ISBN- 13 978-1483959689
© *Marco Baroni*
e-mail stenos@stenos.it – fax 06.233248638